だいわ文庫

ブッダが教える
執着の捨て方

アルボムッレ・スマナサーラ

大和書房

はじめに

「遠離《おんり》」——本当の自由を手に入れる

誰でも悩みごとから解放されたいと思っています。怒りや不安、嫉妬といったマイナスの感情から解放されたらどんなに幸せか、もっと心穏やかで、喜びに溢《あふ》れた毎日を送れたらどんなにいいだろう、と思っています。

しかし、悩みごとはなくなりません。「将来が心配」「上司とウマが合わない」「介護がつらい」「子どもがいうことを聞かない」などなど、悩みごとは次から次へと湧いてきて、心を暗く支配します。

そんな悩みごとは全部、手放してしまえばいいのに、なぜ、私たちは手放せないのでしょうか。

悩みごとというのは、すべて「執着」から生まれているからです。心の中にどうしても手放したくない「欲」があるから、執着が生まれてしまっているのです。

たとえば、「年をとりたくない」という考えも、若さや健康に対する欲であり、執着です。理性を使ってちょっと考えてみれば、生命というものは時間とともに例外なく年をとり、老化していくものだと決まっていることがわかります。

これは宇宙の法則であり、自明の理です。しかし、自分だけは、どうしてもそれを受け入れたくありません。「私はいつまでも若くて、健康でいたい」と執着してしまっているのです。

こうした執着を調べていくと、とても強力で、心の奥深くにまではびこっていて、自分ではまったく気がついていない執着もたくさんあることがわかります。

物にしてもそうです。私たちは、服、バッグ、靴、家、家具といった、たくさんの物を所有していますが、なぜ必要のない物まで買い込んだり、捨てられなかったりするのでしょう?

それは、物に執着しているからです。必要ない物を処分できずにいます。もし処分できたとしても、心の中に執着が残っていれば、また新たな物を買って、その執着(=渇き)を埋めようとします。

「物にはこだわりません」と言う人もいますが、グルメで食べ歩きが趣味だったりします。服やバッグには執着がなかったとしても、「美味しい食べもの」という物に対する執着が強いのです。「物」という概念は幅広いので、パートナーや子どもに執着しているのも、仕事や名誉やお金に執着しているのも「物欲」になります。

しかし、仏教で考える執着（Upādāna）は、こうした物に対する執着だけではありません。執着には、四つの種類があります。

①欲（五欲）への執着（kāmupādānaṃ）
②見解への執着（ditthupādānaṃ）
③儀式・儀礼への執着（sīlabbatupādānaṃ）
④我論への執着（attavādupādānaṃ）

①の「欲」がいちばん簡単に手放せる執着で、②、③と進むにしたがい、どんどん強烈で、根深いものになっていきます。

二番目の「見解への執着」とは、自分の意見にこだわるということです。三番目の「儀式・儀礼への執着」は、毎日、普通に暮らしていることの中に潜んでいるしきたりや習慣に倣うといった、頑固で無知な考えを生む執着です。そして、四番目の「我論への執着」は「自分はいる」ということへの執着です。

本書では、四種類の執着をすべて手放すことをめざします。執着を捨てるということは、自分の家に溢れているたくさんの「物」を捨てたから、執着を捨てられたというような簡単なことではありません。自分の心の中を、深く深く点検し、この四つの執着があることに気づき、そして、捨てていくのです。

こうしてみると、執着を捨てるということは、長い道のりですね。何のために捨てなければならないのかと思うでしょう。

それは、自分自身では気がついていないかもしれませんが、**執着は心を束縛するからです。**束縛されるから、怒りや不安や嫉妬が生まれ心がとても不自由になるのです。

というと、「いいえ、そんなことはありません。私は自由に生きているから大丈夫です」という人がいます。皆あまり深く考えずに「自由」という言葉を使いますが、それは表面的な自由に過ぎないのです。

自由を謳《うた》っている国であっても、じつは儀式・儀礼にがんじがらめに縛りつけられていたり、権力を持っている人たちの見解だけが通る社会だったりします。「自由に生きている」という人も、ただ自分の欲に突き動かされて行動しているだけで、真に自由な心を手に入れているわけではない場合がたくさんあります。

仏教の教えから見れば、私たち人間は「本物の自由」を経験したことなどありません。本物の自由を知らない私たちは、自由な心の状態を学ぼうと思ってもわかりません。だから、誰もが経験している執着・束縛について考えてみるのです。

仏教に「遠離《おんり》」という言葉があります。**遠離とは、離れること、捨てること、手放すこと。遠離を追求するということは、すべての執着から離れ、真の自由をめざして成長するということです。**

遠離は、自由な心を育てるための突破口となります。遠離の先にある本物の喜び、本物の自由を手に入れましょう。そのために、皆さんと一緒に、執着を手放すことについて、これから学んでいきましょう。

アルボムッレ・スマナサーラ

序章　「執着」の捨て方

第1章 「物」と「心」を捨てる

第3章

「儀式」を捨てる

第4章

「我論」を捨てる

序章

「執着」の捨て方

人生には「執着」がプリインストールされている

生まれる前から「執着」している

私たちの心の中は「欲」でいっぱいです。「おなかが空いた。ご飯が食べたい」「のどが渇いた。水を飲みたい」――。これらは生存欲ですから、生命として当たり前に持っている欲で、仕方がありません。

しかし、「特別に美味しいものが食べたい」とか「健康に気をつけているからオーガニックなものしか食べない」となったら、どうでしょう？　生きるために必要な「欲」を通り越して、食べることが「執着」になってしまっています。

執着という感情は強烈な負のパワーを持っているので、美味しいものを食べたら食べたで、「もっと美味しいものを食べたい」というように、「もっと、もっと」という執着がどんどん湧いてきます。

執着は、それを満たしたからといって完全に埋まることはありません。それどころか、さらなる欲がどんどん生まれてくるというやっかいな代物なのです。

なぜ、人間の心の中には、こうした執着があるのでしょうか？　その理由を、人間が胎児だったころにまで遡《さかのぼ》って見てみましょう。

胎児は、母胎では、完ぺきに満たされた状態で生きています。自分の足で立たなくても、羊水の中にふわふわと浮いていればいいし、ご飯を食べなくても、呼吸をしなくても、へその緒から栄養や酸素が送られてきます。暑い・寒いといった温度を気にする必要もありません。

何とも楽ちんな状態ですね。しかし、こうした状態は、角度を変えてみると、母胎に100％依存した生き方ということになります。

誰かに依存していては、自由がなくなります。100％依存しているということは、100％不自由な状態ともいうことができます。母親が風邪をひいて薬を飲めば、胎児はその影響から免れることはできません。母親が食べるもの、飲むもの、そして体調や精神状態まで、胎児はすべて影響を受けるのです。

「自分」というものが、自分の自由にならない――。これが依存している状態です。

そんな胎児が、この世に生まれ落ちたらどうでしょう。食べるもの、服、家、お金など何も持たずに生まれてきますから、そのとたん、母親に依存しなければ生きていけない存在になります。おなかが空いたら泣いて母乳をもらわなくてはならないし、寒かったら泣いて服を着せてもらわなければなりません。

つまり、私たち人間は、この世に生命として誕生したときから、母胎や母親に執着するようプログラムされているのです。だから、執着という感情は、なかなか手放せない手強《てごわ》いものになっているのです。

執着しても捨てられないものは何もない

執着は大人になるほど増えていく

執着とは、何かが足りていない、満たされていないということなので、そこから不安や不満といった、さまざまな悪感情が生まれます。

赤ん坊のころは、自分ひとりでは何もできません。それがとても不安だから、ひとりになるとすぐに泣いて母親を求めます。

少し大きくなると、おもちゃや甘いお菓子に興味を持つようになり、「あれも欲しい」「これも欲しい」と言い出します。でも、おもちゃをあげても、一つでは満足できません。欲しいものがどんどん増えてくるので、欲求が100%満たされるということはありません。おもちゃをもらっても、すぐに新しいおもちゃが欲しくなるというように、いつも「満たされない」という渇きを抱えることになります。

反対に、「あれもいや」「これもいや」と言って、食べるものや着るものにこだわる子どももいます。「いや」や「嫌い」という拒絶も、そこには自分の強烈な執着の感情が入っています。

こうして、執着は常に私たちの心の中にあって、満たされないという悩みや不安を生み出していきます。

小学校に入れば、自分のまわりや世の中のことが見えるようになるので、自分に足りないものがさらに増えてきます。「あの子のようにお金持ちの家の子どもになりたい」「あの子より勉強ができるようになりたい」「クラスの人気者になりたい」などなど、執着はさらに深いものになっていきます。

それは、大人になっても変わりません。大人になるということは、若さや健康を手放していくことですから、食べものや化粧品、スポーツ、サプリメント、ダイエットなど、執着の対象は増え続けるばかりです。さらに対象は、仕事やお金、家、車、異性、家族、子どもなど、どんどん増えて、大きくなっていきます。

年をとって衰えてくればこうした執着は枯れるかと思いきや、「思うように体が動かない」とか、「頭がはたらかない」とか、できないことが増えてくるので、執着が減ることはありません。やがて、歩けなくなったり、寝たきりになったりして自分の思いがどんどん満たされなくなって、死に至ります。

これは、特別に暗い話でしょうか？

そんなことはないですね。皆が歩んでいく普通の人生でしょう。

完ぺきにそろった状態は本当に幸せ？

では、そんな人生を、どのようにすれば、明るく喜びに溢れたものにできるでしょうか。

執着は、生まれたときに人間にプリインストールされているプログラムですから、要は、本能です。**欲です。欲は野放しにしていたら、どんどん大きくなってしまうので、理性を使って制御するしかありません。**

理性をはたらかせることによって、自分が執着しているものに気づくのです。そして、理性によって、すべての執着を捨てていくのです。

あなたが必死にしがみついているものは何ですか？　社会的地位ですか？　お金ですか？　家族ですか？　それとも、仕事でしょうか？　世間からの称賛でしょうか？　若さでしょうか？

「自分にはこれが足りない」「あれが足りない」と足りないものをいろいろ数え上げて、「あれが欲しい」「これが欲しい」と思うことが執着です。しかし、欲しいものが100％すべてそろっていたら幸せでしょうか？　もし、そろったとしたら、何も努力する必要がなくなるので、生命としての成長も終わります。成長がないということは、本当の意味で幸せになったということになりません。

ですから、完ぺきに満たされることを想像して、「家を買って、結婚して、部長になったら幸せだ」などと思うのは、単なる勘違いです。「結婚して、子どもを産んで、いつまでもスタイルがよくて、きれいでいられたら幸せ」というのも勘違いです。

そうした勘違いに縛られていたら、真に自由には生きられません。「お金がないと不幸」「仕事ができないと不幸」「家族がないと不幸」と、マイナスの感情ばかり生まれて、とりつかれたように働いたり、どうでもいい方向に頑張ったりします。人生はグラグラしっぱなしで、心は苦しいままです。
何かに執着している人生は、みじめな人生なのです。だから、物を使って生活するのは仕方がありませんが、物に対する執着は、すべて捨てなければならないのです。

そんなことが可能でしょうか？　仕事も家族も何もかも捨てるなんて。捨てなくてはならないなんて。健康でいたい、若くいたいということさえも手放すなんて。それでは、生きている意味がなくなってしまうのではないでしょうか？

だいじょうぶ、捨てられます。今この瞬間に何かを捨てているから

皆さんはよく「すべて捨てられるでしょうか？」と問いますね。「はい」と答えれば、「それは無理だ」「そんなのいやだ」と言います。しかし、「捨てられるかどう

か」と考えること自体がおかしいのです。

そんなことを考えている間にも、私たちはどんどん捨てているからです。昨日の自分と今日の自分は違います。一日たったら、そのぶん若さを捨てているのです。今の自分は、すでに1時間前の自分とも、10分前の自分とも違います。

だから、捨てるというのは、そんなに大げさなことではありません。誰でも否応なしに、今この瞬間に何かを捨てているのですから。

「でも、やっぱり、仕事は捨てられません」と言っても、定年になったり、能力がなくなったり、病気になったりしたら辞めなくてはならないでしょう。

「自分の子どもは捨てられません」と言っても、その子は成人したら家を出ていくでしょう。そして、仕事を見つけて結婚して、もう親のところに戻ってこないでしょう。出ていかずに、経済的に自立もしなかったら、それはある意味、病気です。

親が捨てられないと思って子どもに執着しているから、子ども自身も成長して自立することを苦しく考えてしまうのです。執着と執着がぶつかり合うとケンカになり、関係がぎくしゃくし、親も子どもも被害者のようになってしまいます。

捨てると、明るく前向きになれる

生きることは、捨てながら進むこと

生きるということは、常に回転しているということ。自転車が走っているときだけ安定し、止まったら倒れるのと同じです。回転する（＝変化する）ことをやめたら、成長がなくなって、すごく苦しくなってしまいます。

自分は常に変化していて、昨日の自分と今日の自分が違うように、この世の中のすべてのものが変化しているということを受け止めましょう。自分も、家族も、仕事も、若さもすべて――です。

私たちが生きるということは、常に変化しながら、あらゆるものを捨てながら、前に進んでいくということです。 だから、「捨てたくない」という個人的な気持ちはどうでもいいのです。宇宙の法則に逆らって、「捨てたくない」「捨てられない」という不自然な踏ん張りをしているから苦しいのです。ただでさえ生きることは苦しいのに、さらに重りを両手両足につけて生きるのは大変です。

もっと身軽に生きましょう。「捨てたくない」「捨てられない」という感情に支配されるのをやめ、理性をはたらかせて生きましょう。

「身軽に生きたい」という気持ちはあります。しかし、そうはいっても「すべてを捨てる」と聞くと、人生の楽しみをすべて捨ててしまうのか……という暗い気持ちになってしまうことも否めません。そもそも、一般人も修行者のように、何もかも捨てないといけないのでしょうか？

潔くすべてを手放すからこそ、命は完成する

究極のことをいえば、私たちは命さえも手放さなければならないのです。この事実

は、いくら「いやだ」と言っても変えられません。宇宙の法則なのですから。

そして、死に至るまでの間、いろいろなものを捨てていかなければなりません。いやいやながら、物惜しみしながら、未練たらたら捨てていくのは、気持ちがいいものではないでしょう? 潔くきっぱり捨ててしまえばいいでしょう?

「捨てる」ということを仏教の理論では、

「潔く捨てる訓練をする」


ということになります。**訓練ですから、それによって人間は成長します。捨てることを極めれば、成長も極まって、命が完成します。**

もし、「執着一切なし」というところまで到達できたら、それは、命のゴールに到達したということ。その人は人生を全うしていることになります。

だから、執着を捨てることを、暗いこと、つらいこと、怖いことと思っているとしたら、勘違いもはなはだしいと言わざるを得ません。執着の多い人生は、いろいろなものに束縛されている状態ですから、自由がなくて、暗くて、つらくて、そちらのほうが大変でしょう。

明るく、前向きに進んでいくことができる人生は、潔く執着を捨てることで成り立っています。「執着を捨てる」という言葉ほど、幸せを意味する言葉はないのです。究極に幸せになりたければ、これを実行することです。

たしかに、未練がましく捨てるのは格好悪いし、精神衛生上もよくない気がします。どうせいつかは捨てるものなのだから、常にその覚悟をし、腹をくくっておいたほうがいいということでしょうか？

手放す構えを整える

「家族に対する執着を捨てなさい」というのは、「いきなり家族と縁を切りなさい」ということとは違います。家族とは、いずれいろいろな形で離れていくものであり、そもそも家族は自分の所有物ではありませんね。

だから、家族に必要以上にしがみつかないようにし、家族への執着を捨てるのです。執着を捨てれば、いずれ離れることになるということも理解できるようになるので、手放す構えが自然に整います。

すでに私たちは毎日、何かを捨てながら生きているのですから、あまり大げさなことではありません。ただし、大げさなことではありませんが、「はい、そうですか」と手放せるほど、簡単なことでもありません。

これから、手放すことについて学びましょう。

手放すというプロセスは、暗いものでも、つらいものでもなく、身軽に、明るく前進することであるということを肝に銘じて。

ブッダ式
執着の
捨て方のコツ

1

- 執着は生まれながらに持っているものなので、なかなか手放せるものではありません。
- 欲はどんどん大きくなるもの。理性をフルにはたらかせて制御します。
- 潔く捨てるトレーニングをすることが、心の成長になります。
- 私たちは毎日、何かを捨てながら生きていますから、執着を捨てることも大げさなことではありません。

第1章

「物」と「心」を捨てる

五つの欲を手放す

簡単に生まれてくる「物」への執着

お釈迦さまが教えている執着は、四つあります。

①欲（五欲）への執着（kāmupādānaṃ）

②見解への執着（diṭṭhupādānaṃ）

③儀式・儀礼への執着（sīlabbatupādānaṃ）

④我論への執着（attavādupādānaṃ）

この四つの執着は、誰でも四つ持っているものです。そして、執着の深さは、①↓④の順に深くなっていきます。つまり、①の執着ほど表面的で、④の執着ほど心の根本的な部分にあります。

まず、一つ目の欲（五欲）への執着から説明しましょう。

欲への執着というのは、「物」に対する執着です。

物とは、見るもの、食べるもの、着るもの、聞くもの、感じるものなど、私たちの五感を刺激するすべてのもの。お金、食べもの、服、家、土地、車、家族、恋人、友人、仕事、趣味、健康、若さ、美しさ、勉強、スポーツ、名誉、地位など——、あげたらキリがありません。人が「欲しい」と思うものは、本当にたくさんあります。

しかし、おなかが空いたと感じたら、「食べたい」という欲が起こるのは当たり前のこと。では、生きていくために必要な欲と、執着とはどこが違うのでしょう？

新しいバッグを買うとしましょう。バッグ自体は出かけるときに必要なものだから買うのはいいのですが、あるバッグに必要以上に愛着（taṇhā）を持つようになると執着が生まれます。

たとえば、欲しいバッグがとても高価で、自分の稼ぎで買うのは大変なのに、愛着を持ち過ぎて「欲しい、欲しい」としつこく願い、借金をしてでも買うというのは執着です。生活必需品としてのバッグは、自分の稼ぎの中で買えるようなものでいいのです。

自分の身体についても、簡単に執着は生まれます。自分の身体は一生使うものだから、必要なメンテナンスはしなければなりませんが、「もっと若くなりたい、健康になりたい」と思い始めたら執着です。ダイエットや健康法やスポーツといったことを過剰に取り入れるようになり、キリがありません。「普通に生きていけるだけの食べものを食べていればいい」という当たり前の考えを持てなくなってしまいます。

60歳の人が、20歳のままでいられるわけがありません。60歳なら60歳なりの肉体を保ち、病気にかからないようにし、ひとりで生きていけるくらいの健康を手にすればいいでしょう。過剰に若くいようとするのは、自分の身体に対する執着があるということです。

執着があると、現状に満足できません。病気にかかっているわけではないのに、「もっと健康になろう」「もっと若いままでいよう」。**「もっと、もっと」という心の動きに束縛されてしまいます。**それは、欲を強化して、執着にまで高めているだけで、少しも明るい自由な方向に進んでいることにはならないのです。

生きることは、物へ依存すること

心の中で、欲はどのようにして生まれるのかを見てみましょう。

人間には、眼《げん》（chakkhu）・耳《に》（sota）・鼻《び》（ghāna）・舌《ぜつ》（jivhā）・身《しん》（kāya）という感覚器官があります。

そして、生きている限り、この感覚器官に、色《しき》（rūpa）・声《しょう》（sadda）・香《こう》（gandha）・味《み》（rasa）・触《そく》（potthabba）という情報が触れ続けます。

感覚器官である「眼・耳・鼻・舌・身」は物質（rūpa）です。それに触れる対象である「色・声・香・味・触」も物質です。

私たちは生きている限り、何かを見なければいけないし、聞かなければいけないし、嗅がなくてはなりません。何も見ず、聞かず、嗅がずに生きていくことはできません。

したがって、**生きるということは、これらの器官とその対象物に、すでに依存しているということになるのです。**

これが仏教でいう「物に対する依存」です。**生きるということはすなわち、物に依**

存し、欲を持ち、執着を持っているということです。

物質に対する欲というと、服やバッグ、食べものといった目に見える品物を想像する人が多いでしょう。だから「私は物に依存していません」「そんなに欲張っていません」と言う人がいますが、仏教でいう執着とは、そんな程度の話ではありません。

生きていくうえで、人は五つの感覚器官とその対象物に依存しなければならないという、もっと根本的な話です。「見たい」「聞きたい」「嗅ぎたい」「味わいたい」「触れたい」という五つの欲に依存していない人はいませんから、誰でもすでに物に対して執着を持っているのです。

これは、前章でお話しした、人間には執着というプログラムがプリインストールされているという話と通底しています。人間は、この世に生まれ落ちたときから、何かに依存しなければ生きていけないようにできているので、生まれながらに執着を持っているということなのです。

何かに「触れる」と妄想が起きる

では、そんな根本的な執着をどのように手放すというのでしょうか？

ここでは、感覚器官がそれらの対象物に「触れること（phassa）」について、深く考えてみましょう。

眼・耳・鼻・舌・身という感覚器官に何かが触れるとは、どういうことでしょうか？　目には目に見えるものが触れますし、耳には音が触れる、鼻には匂いが触れ、舌には味が触れ、身体には感触が触れます。

たとえば、目の前にテーブルがあるとしましょう。触ってみてください。あなたは何を感じますか？

たいがいの人は、「このテーブルはかたい・やわらかい」とか「このテーブルは手触りがいい・ザラザラしている」といった感想を持ったのではないでしょうか。

しかし、ものごとを客観的に見れば、あなたの目の前にあるものは、ただの木の板です。それがテーブルであることを経験として知っているだけ。木の板を目で見たときに、それまでの経験から「テーブルがある」と認識しただけです。触って「かたいな」と感じたのも、それは今までの経験と比較して、「このテーブルはかたい」と結論づけたのです。したがって、この結論は客観的な事実ではなく、あなたの心の中の単なる妄想でしかありません。

つまり、木の板を「テーブルだ」と思ったのもあなたの妄想、「かたい」と判断したのもあなたの妄想です。実際に、テーブルだと思っていたら、じつは椅子だったということもあるでしょう。自分がかたいと判断したものを、ほかの誰かはやわらかいと判断することもあるでしょう。

このように、人間の感覚器官に何か情報が触れると、それを受け取るときに、勝手な妄想が生まれます。ネコだったら何も考えずに、木の板をあるがままに見てその上に飛び乗り、かたいともやわらかいとも思わずに寝そべるでしょう。

私たち人間は、触れたら感じるのです。このことを仏教の言葉で、「触《そく》によって受《じゅ》が起こる（Phassa paccayā vedanā）」

といいます。

自分では常に客観的に判断しているようでいて、その実、私たちが感じていることや考えていることは妄想だらけなのです。

言われてみれば、そのとおりです。この世の中のことを先入観たっぷりに見ているし、自分で勝手な判断を下してばかりです。木の板をテーブルだと思って見ているから、ネコのように飛び乗るなんていう発想は思いもよらないのですね。

心に「感じる」ものは、たいがいが妄想

人間が感じるのは五感だけではありません。

「眼・耳・鼻・舌・身」に「意（mano）」を加えて「六根《ろっこん》」といいますが、人間が物を感じる器官には、意識や心といった「意」があります。この「意」に触れるものを「法（dhammā）」といいます。

「法」とは目の前の現実世界にあるものばかりではなく、たとえば過去にあったことも「法」になります。

過去に「あんなことがあった」「こんなことがあった」と思い出すと、それに対して怒りや嫉妬、憎しみを感じたりします。

これも「触によって受が起こる」ことです。**過去のできごとというものに触れたことによって、怒りや嫉妬という「受」が起きるのです。**

「受」は、たいがいの場合、妄想です。過去のできごとをただのできごととしてシンプルに受け取るのではなく、それに対して怒りや嫉妬という感情を勝手に生み出しているからです。

私たちは「意」によって、将来のできごとをイメージすることもできますし、今経験していないことを経験しているかのごとく想像したり、実際に存在しないものをイメージしたりすることもできます。

たとえば、今ステーキを食べていなくても、その味や香りや食感を頭の中で再現することができるでしょう。これは、過去の経験をつなぎ合わせることによって、頭の中でイメージしているのです。

この世の中に存在しない怪獣を思い描くこともできます。といっても、まったく経験のないゼロから何かを生み出しているわけではありません。自分が過去に見てきたいろいろな動物などのパーツを組み合わせてイメージしているのです。

将来についても同じです。人間は、自分の将来についてあれこれ考えるけれど、そのイメージは過去に経験したり、見たり聞いたりしたことのパーツを組み合わせているだけに過ぎません。


自分のまったく知らない世界を想像することはできないのです。


だから、将来についてあれこれ考えることは意味がありません。「お金持ちになりたい」「社長になって名誉を得たい」という欲にかられた将来を妄想しても、それは、せいぜい自分の知っていることの延長線です。そして、現実の自分との落差で落ち込むだけ。「最後は、誰もいなくなって、貧乏になって孤独死かも……」という暗いことを想像して不安になるなんて、なおさら意味がないことなのです。

どちらにしても、人間の「意」が「受」によって生み出している勝手な妄想に過ぎないのですから。

過去のできごとを思い出して暗くなるというのも、将来について考えて、勝手に落ち込むというのもよくわかります。実際、頭の中で考えていることといったら、そんなことばかり。でも、どちらも自分が生み出した妄想だとわかれば、少しは払拭できそうな気がします。

「感じる」と、もっと満たされたくなる

では、六つの感覚器官に情報が触れたことによって、なぜ執着が起きるのか、その段階を仏教の教えで見てみましょう。

①「眼・耳・鼻・舌・身・意」に「色・声・香・味・触・法」が触れる
Saḷāyatana paccayā phasso（六根によって触が起こる）

②触れたら感じる
Phassa paccayā vedanā（触によって受が起こる）

①②まで説明しました。
その先は、次のように進んでいきます。
③感じたことに対して、渇愛が生じる
Vedanā paccayā taṇhā（受によって渇愛が起こる）
④渇愛が生じると、執着が生じる
Taṇhā paccayā upādānaṃ（渇愛によって執着が起こる）

六つの感覚器官に情報が触れて感じたら（受が起こったら）、それに対する渇愛が生まれるとあります。**「渇愛（taṇhā）」というのは、満たしても、満たしても満足しないという「心の渇き」です。**

舌という感覚器官に味が触れて、「美味しい」といった受が起こったら、「もっと味わいたい」「また味わいたい」と思います。「もうこれで十分」「二度と味わいません」とは思えないのです。

これは、とても自然な心の動きといえます。いい音楽を聴いたらまた聴きたくなるし、美しい絵を見たらまた見たくなるし、いい香りはまた嗅ぎたくなるのです。

人間は起きている間は目を開いていますから、常に何かを見ているし、見れば心が動きます。耳は寝ている間も閉じることはできませんから、二十四時間何かを聞いています。聞けば「ああいい音だ、もっと聞きたい」という渇愛が自然に生まれます。人間は食べないと生きていけないので毎日必ず何かを食べますが、食べて美味しければ「また食べたい」という欲が生まれるのです。

このように、私たちは生きていく限り、何らかの情報に触れることなしではいられません。しかし、触れれば必ず渇愛が生まれてしまう——。

これは、ずいぶんと不条理なことですね。

満たされても、また満たしたくなる

「すべての物ごとは不条理である」とおっしゃったのは、お釈迦さまです。

なぜなら、何かを1回行って結果を得たとしても、この世の中のことはすべて無常ですから、すぐに消えてしまいます。つまり、頑張ってやったことは、すべてチャラになってしまうのです。

ご飯を食べて体に栄養を与えても、すぐに消化されて使われるから、また食べないといけません。心臓は1回動いたからOKではなくて、ずっと動いていなければなりません。一つひとつの細胞も、ずっと栄養を取り込んでは消費することをくり返していますし、古い細胞が死んだら、すぐに新しい細胞を再生しなくてはなりません。

生きるとは、絶えず動いていることなのです。

だから、ご飯を食べても、また食べる。お風呂に入っても、また入る。トイレに行っても、また行く――。生きるというのは休みのない作業の連続です。死ぬまで同じことをくり返しているのです。面倒くさいけれど、それが自然の法則ですから、すべての生命は従わなければなりません。

そうした面倒くさい作業をくり返し行うために、「渇愛＝欲しい」という気持ちが必要なのです。

「食べたい」「見たい」「聞きたい」「嗅ぎたい」「触りたい」という気持ちがなければ、「生きていこう」という意欲が湧きません。

しかし、やっかいなのは、一度食べたものが美味しかったら、「また食べたい」という思いが強くなって、その食べものに執着していくことです。「1回でも美味しいものが食べられたからいいじゃないか」と、人は思わないのです。

では、食べたものがまずかったとしたら、どうでしょう。「何か食べたい」と思って食べたらまずかった。すると、「何か食べたい」という渇愛がそのまま残ります。さらに、「もっと美味しいものを食べたかった」という渇愛も生まれます。まずい食べものはもう二度と食べないかもしれませんが、まずいものを食べたからといって渇愛が消えたり、渇愛が生まれなかったりすることはないのです。

よくダイエットに失敗する人というのは、このようなことからリバウンドします。「食べたい」という気持ちがあるのに食べないでいるから、渇愛がよけいに強烈になります。何日間かは意に沿わないものを食べたりできますが、結局我慢できなくなって、食べたいものをいつも以上にたくさん食べてしまうのです。

このように、美味しいものを食べても食べなくても、渇愛が生まれます。「渇愛を満たさないでいよう」と思っても、「満たされていない」という渇愛が増すばかりで、消えることはありません。

「～したくない」「～してほしくない」も渇愛チーム

渇愛というのは、ある意味、シンプルです。満たしても満たさなくても生まれてくるし、生まれたらどんどん増えていきます。

その渇愛には、三つの種類があります。

一つは、物が欲しいという渇愛です。食べるもの、見るもの、聞くものなど、生きている限り、物を欲しいと思い続ける渇きです。消えることはありません。

二つ目は、生きていたいという渇愛（存在欲）です。生きることは、瞬間、瞬間のできごとですから、絶えず「生きていたい」という渇愛が生まれることで生きていけます。だから、生きていたいという存在欲は、死ぬまで決して消えません。

三つ目は、非存在欲という渇愛です。もう生きていたくないという気持ちです。人生がいやでいやで仕方がない、学校に行きたくない、仕事をしたくない――という否定の気持ちも渇愛の一種です。「欲しい、欲しい」という気持ちの裏返しです。もっとおもしろくて楽しい人生はないのか――と、ないものねだりをしているだけで、本当は「〜が欲しい」という渇愛がとても強いのです。

渇愛とは、受によって生まれ、満たしても満たさなくても増幅していく「もっと〜したい」という気持ちです。あるときは、「〜したくない」という否定の形になっても現れます。私たちが生きている限り、つきまといます。

この**「受によって渇愛が起こる」という真実が、仏教の教えの心臓部——Central Teaching——**です。仏教の教えは、ここからスタートします。

受によって渇愛が起こると、その次は、渇愛から「執着」が生まれます。執着は渇愛より強い、手放したくない、捨てたくない、離れたくないという、心のとらわれです。執着までくると、心が束縛された状態になるので、自由がなくなります。私たちを束縛する犯人は、執着を生み出す「渇愛（＝渇き）」だったのです。

ですから、束縛から解放されて自由な心を得たいと思うのであれば、渇愛（＝渇き）とは何かを知って、それをなくすことが解決法なのです。

きれいな景色、美しい音楽、美味しい食べもの……そうしたものに触れると、もっと見たい、また聴きたいと思ってしまいます。それが、かえって不幸になるということでしょうか？　それを幸せと思うのは勘違いしているだけで、じつは束縛されているのでしょうか？　自分がどれほど欲深いか、セルフチェックが必要のようです。

世にある美しいものは、そのまま置いて

「もっともっと」を止めると、執着も止まる

人間には目があり、耳があり、鼻があるので、何かを見ないでいたり、聞かないでいたりすることはできません。そして情報に触れれば、否応なしに「好き」とか「きれい」といった感情が湧いてきます。これは誰にもストップできません。

しかし、感情から渇愛を生まないようにすることはできます。そのためには、それなりの訓練、理解能力、智慧が必要ですが、渇愛はストップできるのです。

そこで渇愛を止められないと、渇愛から自動的に執着が生まれます。「もっと欲しい」という渇愛の気持ちを持ったまま、執着を持たず、自由になりたいというのはあ

り得ない話です。

渇愛と執着はセットです。執着を制御するには、「もっと欲しい」という渇愛を止めるのです。これは理論的に可能です。

今まで見てきたように、まず、どのようにして執着が生まれるのか、そのプロセスを理解しましょう。そして、**できること・できないことを整理し、執着はどの段階であれば制御できるのかを理解します。**そうすれば、不可能に見えることにも突破口があることがわかります。

人々はこうした認識過程を観察することなく、ただ流れに身を任せて生きているから苦しいのです。

宗教も同じです。お釈迦さまの教え以外の宗教は、死んだら天国に行くために信じましょう、拝みましょうといって、渇愛をますます増やす方向にしか教えていません。渇愛をストップする方法ではなく、強くする方法を教えているのです。

渇愛という苦しみを減らすためには、何かを盲目的に信じていてはいけません。自分の頭を使って、渇愛が生まれないように理性で制御します。

「美しい」と受け止めたら、放置する

渇愛を制御するためにどうすればいいかというと、その一つの方法が「**放っておく**」ということです。

「この世に存在するものは、ただそこに存在しているだけ」と受け止めます。この世にある美しいものが、欲（＝執着）そのものではないからです。人の思考（＝概念）が欲なのです。

花は花の都合によって、その形をつくっています。花はただ存在しているだけですから、美しいかどうかは誰もわかりません。それを美しいと思っているのは、その人の思考です。美しいと思うから欲が生まれ、執着していきます。

賢者は、花という存在をただ受け止めて、放っておきます。

愚者は、「あの花が美しかったから欲しくなったのだ」と、自分が勝手に欲や執着をふくらませたあげくに、花のせいにします。

「このウナギが美味しいから、もっと食べたくなった」という考えも同じ。ウナギという食べものはただそこにあるだけで、美味しいと判断したのは人の勝手です。その勝手を楯にして、言い訳までするのです。

ストーカー殺人もそうです。「その女性が美しかった」「道を歩いていた」という理由でストーカーをし、「無視したから殺した」と言います。道を歩いていた女性は、何も悪いことをしていません。ただ道を歩いていただけです。見ているほうが勝手に欲望を募らせて執着し、あげくに「あの女のせいだ」と言うのです。

子どもが騒いだから怒る、部下が失敗したから怒るというのも同じ。どちらも、ただこの世に起きているできごとです。それを、「うるさい」とか「失敗しやがって」と怒るのは、人の勝手です。そのうえ、「お前がうるさいから怒った」とか「お前が失敗したから怒っている」などと相手のせいにします。

子どもや部下は、その人を怒らせようとしているわけではありません。できごとが起こっただけなのです。

これは、ある比丘尼《びくに》の言葉です。

「世にある美しいものは、欲ではありません。
人の思考（概念）が欲です。
世にある美しいものはそのまま置いて、
賢者はそれに対する愛欲を戒めるのです」

(Na te kāmā yāni citrāni loke
Saṅkapparāgo purisassa kāmo
Tiṭṭhanti citrāni tatheva loke
Athettha dhīrā vinayanti chandaṃ)

「愛欲」とは「執着」のことです。この世に存在しているものや起こっている現象について、いちいち欲を発動させたり、勝手に妄想をめぐらせたりせず、「そのまま置いておけばよい」と説いています。

それは、「放っておく」ということです。この世のものはすべて、放っておけばいいのです。

たしかに、自分に欲があるのも、怒りが起こるのも、すべて物や人のせいにしていました。「○○が悪い」とか「あの人が○○するから」と、愚痴ばかり言っていたかもしれません。でも、「嫌い」とか「怒る」という感情はなくしたほうがいいと思いますが、「好き」や「きれい」といった感情まで手放してしまうと、人生が楽しくなくなるのでは……。

感情を手放して自由になる

どういうこともない瞬間の連続が人生

物への依存・執着を断つということは、感情を手放すということです。というと、「それで、人生の何が楽しいのだろう？」と思うかもしれません。「好きなことがたくさんあり、好きなことをたくさんやっているほうが人生は楽しいに決まっている。それを手放したら、なんて味気ない人生になることやら……」というわけです。

しかし、人生は楽しいことばかりでしょうか？

人生のデータを正しくとってみると、楽しい瞬間はそんなにたくさんありません。苦しい瞬間もそんなにありませんが、楽しい瞬間よりは多くあります。

その中間の、**どうといったこともない瞬間が膨大にあるのです。**

たとえば、会社に行くために電車に乗るでしょう。それは楽しいことですか？　別に楽しくはないですね。では、苦しいですか？　毎日のことですから、苦しいというほどのことでもないでしょう。

会社に着いて仕事をします。別に楽しいというほどではないけれど、苦しいというほどのことでもないでしょう。慣れた仕事ですから、普通のことでしょう。でも、大きい特別な仕事を頼まれると、けっこう苦しくなりますね。「どうしよう」「自分にこなせるだろうか」という不安が生まれてくるからです。

自分にとって楽ちんで、おもしろくて、ニコニコと楽しめる仕事というのは、そんなにはありません。苦しくも楽しくもない、普通の仕事が膨大にあるのです。

普通でいることは退屈なこと？

仏教では、身体で感じる感覚には、①「楽」、②「苦」、③「不苦不楽《ふくふらく》」があると教えています。

①の「楽（sukha vedanā）」を感じているときは、誰でも楽しい気持ちになります。しかし、その瞬間、瞬間に、心の中に「もっと、もっと」という欲の潜在煩悩がどんどんたまっていきます。だから、「楽」がなくなると「苦」を感じます。

たとえば、恋をしているときは、本人は気づいていないけれど、「もっと一緒にいたい」とか「もっと好きになってほしい」といった欲の煩悩がたまるのです。だから、振られると、ものすごく落ち込んで、苦しみの感覚が生まれます。

②の「苦（dukkhā vedanā）」を感じているときは、心の中に怒りの潜在煩悩がたまっていきます。病気になったら苦しい、おなかが空いたら苦しい、怒鳴られたら苦しいと感じるのは、怒りという潜在煩悩が生まれるからです。

「苦しい」と思うことは、「怒り」です。病人は苦しいから、みんな機嫌が悪いのです。怒鳴られたら苦しいというのは、落ち込むからです。落ち込みは、怒りが形を変えた感情です。こうした「苦」がなくなれば、「楽」を感じるようになります。

③の「不苦不楽（adukkhamasukha vedanā）」は、「楽」もない「苦」もない状態です。派手な楽しみもなければ、派手な苦しみもありません。いわゆる「普通」という状態

ですが、ここに「退屈」という煩悩が生まれてきます。いつもどおりの普通の仕事が終わって、いつもどおりの普通の夕飯を食べて、あとは、とりたててすることがない。見たいテレビ番組もないし、読みたい本もないし、何もすることがないからつまらない、退屈というわけです。

しかし、とりたてて何もすることがないというのは、普通の状態です。それを「退屈」と感じるのは、「無知」だからです。「楽」(=欲)や「苦」(=怒り)にとらわれているから、楽もなくなり、苦もなくなると、退屈になるのです。

これは、「もっと楽しみたい」「もっと自分を楽しませたい」という身体の感覚にとらわれているからです。それに気がつかないでいると、欲は肥大するばかりで、同じように怒りも生まれ続け、執着や束縛から一生離れることはできません。

楽しくもない、苦しくもない状態を観察してみる

楽しくもなく苦しくもない普通の状態、もしくは、何もすることがない状態を、退屈と感じるのは、無知だからです。

無知は、仏教の言葉で「無明《むみょう》」といいます。

仏教では、楽（欲）と苦（怒り）という身体の感覚から離れるために、瞑想を行います。苦でも楽でもない、普通の状態を観察するわけです。すると、そこに楽しみが生まれてきます。

普通を知るとは、そこに楽しみがあることを発見することなのです。

しかし、瞑想に慣れていないと、普通を観察するという辛抱が足りず、途端につまらなくなってしまって、寝てしまう人がいます。何もしないでいることを「つまらない」と感じるから、無知の煩悩がすごくたまって、普通ということを楽しめないのです。刺激がなくなると、それが苦痛になって、眠気にやられてしまうのです。

一般の人が瞑想で「楽」を発見していくのは、少し時間がかかるかもしれません。修行を積んで瞑想を極めていくと、最終的には「解脱《げだつ》（vimutti）」という境地に達することができます。解脱の世界は、楽の感覚が溢れています。

これは身体の感覚器官を使って手に入れた楽ではなく、心を向上させて解脱に達したうえで生まれる楽（幸福感）なのですから、戒める必要はありません。この感覚だけは例外です。十分に味わっていい「楽」なのです。

「解脱」という言葉には崇高な響きがあります。私たち一般人が到達するのは難しそうですが、どんな世界だろうという思いはあります。でも、「五欲」を手放したほうが幸せになれるということを頭で理解しても、実際に手放すとなると、まだまだ躊躇《ちゅうちょ》しそうです……。

生きるために「必要な量」かどうかをチェックする

生きていくための正しい依存の仕方

物に対する執着は、瞑想を行うことでなくすことができますが、では、普段の生活はどのようにして生きていけばいいでしょう。

仕事をしなくては生きていけないけれど、あまり執着しないようにする、自分の身体は一生使えるように手入れしなければいけないけれど、あまり愛着を持たないようにする――。この境界線を見極めるのは、難しいことのように思えます。

しかし、答えは、仏教の「戒律」にあります。「戒律」という言葉を聞くと、やってはいけない禁止項目ばかり並んでいる教えかと思うでしょうが、それは間違った思い込みというものです。

実際の「戒律」は、してはいけないことの「戒」と、すべきことの「律」からできています。そのうち、「戒」は少なく、するべきことの「律」がたくさんあります。歯の磨き方、顔の洗い方、服の着方・たたみ方、部屋の掃除の仕方など、すべきことと仕方が細かく決められています。


その中で、食べ方について見ると、「自分に必要なだけ食べなさい」と決められています。「好きなだけ食べてよい」ではなく、「食べてはいけない」でもありません。自分が生きるために必要な量を食べるのです。

食べものに美味しさを感じることは大切ですが、必要以上に美味しい、美味しいと、味に執着しないようにします。私たちの身体は、一瞬、一瞬のうちに壊れていっているので、「身体を修復するための材料を取り入れます」という気持ちで食べるのです。

寝るときも、「もう、つまらないから寝ちゃおうかなぁ」ではなく、肉体の疲れをとるために横になります。疲れて仕事ができなくなったので、「必要なだけ休ませてあげます」という気持ちで寝るのです。時間があるからといって、惰眠をむさぼっていいわけではありません。

このような「戒と律」に沿った生き方というのは、一般の言葉に置き換えると、「生活するために欠かせない量を理解して、それ以上の贅沢は強いて求めない」ということです。

人間が生きていくために、正しく依存するのです。ご飯も食べず、眠りもしないで生きていくことはできませんから、食べものや眠りに依存することは必要です。依存は、私たちの生命にすでにプログラムされていることです。ですから、正しい依存の仕方になるようコントロールするのです。

「執着から離れるために、すべての感情を手放す」ということを理解し、生きていくための適当な量を知っていきます。正しい依存の仕方を学んでいきます。それが、執着を捨てるということになります。

これは自分に必要なぶんなのか、それとも執着して欲張っているのではないかというのを、冷静にチェックしていくんで

すね。私たちの多くは、嬉しいことがあっても、つらいことがあっても、すぐ食べ過ぎて、そのあと減量して……、もう楽と苦を行ったり来たりのシーソー状態です。まず瞑想をして、心を落ち着かせる必要があるのかもしれませんね。

恐れずに、サッと素早く捨てる

物に対する執着を捨てるということは、今自分が持っていると思っているものは、やがてすべて捨てなくてはならないということを理解することです。そして、いつでも捨てる覚悟を持ち、実際に捨てていくということです。

人が捨てることを怖く思うのは、「依存しなさい」「執着しなさい」というプログラムが埋め込まれているからですね。このプログラムを入れ替えるのは、なかなか大変な作業です。コンピュータでいえば、ＯＳという土台のシステムを入れ替えるようなものですから。

「捨てるのが怖い」というのは、「自分が変化するのが怖い」ということと同義だと見抜きましょう。仕事を、家族を捨ててしまったら、自分がどう変化するかわからないと思うから怖いのです。自分が、今の状態から変化することを受け入れられないのです。

しかし、恐れていても、**現実に人間は刻々と変化し、刻々といろいろなものを捨てているのです。あとは、その真実を早く理解して、サッと素早く捨てる訓練をすればいいのです。**

この真実がわかると、「捨てるのは怖い」「捨てる修行は暗い」「つまらない」とは思いません。

捨てる修行というのは、何もしなくても楽しく明るく生きられることを知ることです。捨てたその先には、本物の幸せが待っています。

捨てるときは、グズグズ捨てるより、サッと潔く捨てたほうが、ずっと気持ちよくなれるのです。

五つの欲を捨てる練習1

食べる執着を捨てる

食べることを手放せないのは、「医者に食事を制限するよう言われたから」とか「やせたいから」といった他人のせい、他人の評価、自分の見栄といった、いろいろな悪感情にからめとられているからです。

それ故に迷いが生まれ、「少しなら捨てられる」という未練も生まれて、捨てることが苦しくなります。

私事になりますが、これからの人生、自分が食べていくものを決めました。今までは何でも食べてきましたが、肉やらポテトやらパンやらといったものは、自分の中で「もう食べものではありません」と気持ちよく「×」をつけました。

もし、レストランで頼んだ料理にフライドポテトがついてきたとしても、これは食べものではないと思っているので、「昔はよく食べていたなぁ」などと郷愁にひたることもありません。

食べものだという思い込みそのものを捨てます。すると、食べないでいることが至って簡単にできるのです。

必要以上に食べてしまう人は、「人によく見られたい」という欲や「誰かから言われたから」と他人のせいにすることをやめて、もっとシンプルに考えてみましょう。

ところで、「私は食べることが大好きです」「食べものにこだわっています」という人はどうでしょうか？　グルメであったり、食べ歩きにこだわっていたりする人は、格好いいのでしょうか？　生きるために欠かせない程度に食べるという観点から見れば、まったく180度反対の方向に突っ走っています。しかも、制限速度を超えています。

そして、どんな人も年をとれば、だんだん食べられないものが出てきます。食べることへの執着を手放せないでいると、年をとったときに「もっと食べたい」「あれも食べたい」「あれを食べておけばよかった」という苦しみばかりが山のようにある人生を送ることになるでしょう。

栄光への執着を捨てる

捨てるためには、理性を使わないとなりません。今まで「好き」「嫌い」という感情を使い、物ごとを勝手な妄想で判断して生きてきたのを、理性を使って正しい判断を下せるようにするのです。

男性に多いのですが、年をとって足が悪くなり、歩きにくくなってきたというのに、杖をつくことを拒否する人がいます。「私はサッカーで活躍するぐらい足が速かったんですよ。その私が杖をついて歩くなんて、みっともなくてできないですよ」と思ってしまうのでしょう。

これは、過去の自分に執着しています。人間は常に変化していくということを、きちんと理解していないのです。

過去の栄光にしがみついていたら、今このときを幸せに生きることはできません。

だから、過去の自分など潔く捨てて、変化することを受け入れればいいのです。

そうすれば、気持ちよく杖を使えます。杖を持って歩けば立派な紳士に見えますから、誇らしげに歩けば、楽しくなってきます。「いやだ」という感情ではなく、理性を使って判断すれば、杖を使ったほうが便利であり、便利になれば気持ちが明るくなるということがわかるでしょう。

昔、力士として活躍していた人がレポーターの仕事をしていたりします。体重を落としてスマートになり、現在の仕事を一生懸命こなしています。

「自分は強い力士だったんだ」という過去の栄光にしがみついていたら、すっきりやせることはできなかったでしょう。現在の仕事や力士を引退したあとの人生を楽しむことはできないでしょう。

年寄りになっても幸せな人というのは、過去の自分への執着を潔く捨てている人なのです。

仕事への執着を捨てる

仕事も同じです。自分が必ずやらなければいけない仕事量をこなすのです。会社に勤めている人であれば、会社の役に立つように、こなすべき義務を果たします。賃金が支払われているのですから、それに見合ったぶんをきちんと働くのは当たり前のこと。

目的をきちんと決めて、目の前の仕事に没頭すれば、能率がよくなって仕事をこなすスピードが上がってきます。すると仕事自体に楽しみが生まれ、充実感を味わうことができます。

しかし、執着しないように気をつけます。「もっとお金が欲しいし、もっと昇進して偉くなりたい」と考えたり、「もっと認められたいから、あいつを蹴落としてやろう」などと考えたりすると、ストレスが生じます。すると、人間関係でトラブルが生まれたり、自分の能力以上の仕事を引き受けてしまって苦労したりします。

また、心の中に仕事への執着があると、仕事を押しつけられても断れません。「上司に認められたい」「ライバルに勝ちたい」という執着があるから、自分の仕事でないことまで押しつけられても引き受けてしまうのです。

その結果、昇進して地位を得ても、地位は会社を辞めたとたんに手放さなければなりません。お金に執着しても、幸せにはなれません。

自分の仕事でないと思ったら、そして、自分の義務をきちんと果たしているのであれば、「私は自分の義務を果たしました。ギリギリまで頑張りましたが、もうこれ以上は人間として不可能です」と言って断ればいいのです。

仕事で充実感を味わうことは大事ですが、生きていけるくらいのお金をもらえているのであれば、過労で体が壊れるまで頑張る必要はないのです。

子どもへの執着を捨てる

子どもが生まれたら育てなくてはならないでしょう。これは親としての義務ですから、執着してもしなくても、やらなければなりません。それは、ごはんを作ってあげたり、落ち込んでいたら理由を聞いてあげたり、遊んでいたら「宿題を見せなさい」

と言ったりすることです。

親としてやるべきことをやれば、ただそれだけでいいのです。

その結果、子どもは勉強ができるようになるかもしれないし、ならないかもしれません。しかし、それは親が責任を持つことではないのです。それは子どもの問題で、親はそこまで管理できないのです。

たいがいの親は、「子どもが勉強できない」とか「子どもが言うことを聞かない」と言って悩み、苦しみを訴えますが、親が悩み苦しむ必要はありません。なぜなら、親が果たすべき義務を果たすのが、仏教でいう戒律の「律」（＝すべきこと）であり、それ以上、子どもに干渉するのは執着になるからです。執着があると、子どもが自分の思いどおりにならないことに対して、不平や不満が生まれてくるのです。

もし、子ども自身が、勉強ができなくて困っているというのであれば、子どもに対する執着を捨てて、どのように勉強したらいいのか教えればいいのです。「お前はこんなに勉強ができなくて……」と嘆く必要はありません。子どもが必要としている勉強の仕方を教えてあげます。

もし、その子が勉強はそんなに得意でないというなら、必要以上に勉強を押しつけることはありません。

いずれにしても、親が子どもに対して不満や不安といった暗い感情を抱いていると、子どももそれを敏感に感じとって暗い感情を持ちます。すると、お互いにギクシャクしたり、ケンカになったりして、親子の関係がうまくいかなくなってしまいます。

子育てはとても大切なことですが、子どもの人生をすべて管理できません。管理できると思っているのは、執着がある証拠です。執着があるから、「子どもが言うことを聞かない」「思いどおりに育っていない」という苦しみが生まれるのです。

子どもに対する執着を捨てれば、「子どもにとって必要不可欠なことは、すでに、すべてやってきた」ということがわかります。すると、悩み苦しみが消えるので、心がとても楽になります。

自分自身に向かって、「子どもにするべきことはすべてやってきました」と言いましょう。子どもは案外、今のままで、とても幸せに生きているということがわかるでしょう。

暗い感情に支配されていると、人とうまくいかなくなるし、物ごともうまく進まなくなる感じはわかります。でも、暗い感情は、簡単に手放せるのでしょうか？　親や親しい人を亡くしたときに生まれる悲しみの感情は、なかなか手放すのが難しい気がします。

悲しみへの執着を捨てる

前項で、子どもへの執着を手放すという話をしました。しかし、現実の世界では、子どもが亡くなったというように、自分の意思とは無関係に、否応なく手放さなければならない状況に遭遇することもあります。

この場合、強い悲しみが起こります。自分は捨てたくなかった、自分から捨てるつもりはなかった——。なのに、無理やり、自分が執着（愛着）を持っていたものを取り上げられた——という気持ちになるからです。

人生には、こうしたことがしばしば起きます。家族や親しい人を亡くしたり、地震や台風で家を失ったり、恋愛において好きな人に振られたり……。人生では、自分の執着とは無関係に、誰かの故意ではなく、自然の法則において、何かを取り上げられることが起きます。

その場合、私たちは悲しみという感情をどう手放したらいいのでしょう。

答えは、「これは**自分の管轄外だ**」と理解することです。

たとえば、子どもが白血病で亡くなってしまったとしても、自分はすべきことを十分にやったと理解します。

病院にかかって、治療をし、もしかしたら骨髄移植もし、看病をした。医者は一生懸命治療をしてくれた。自分も、一生懸命看病をした。それでも治らない。そうしたら、それ以上、何ができるというのでしょう?

もう、できることはありません。あとは、管轄外です。子どもが亡くなることは、自然の法則で、個人の管轄外のできごとなのです。

地震や台風で家をまるごと持っていかれるのも同じ。恋愛でも同じ。自分のことを好きだと言ってくれた人が、あるとき、心変わりすることがあります。もっとピッタリの人が見つかれば、気持ちは変わるものです。もしかしたら、その人はあなたのことを騙していただけかもしれません。

でも、そうしたことは、あなたがどうこうできる範囲を超えています。あなたは、あなたができることを精いっぱいやった。そうしたら、「あとは管轄外である」と理解し、執着する心を捨てるのです。


悲しみという執着を手放す方法は、この言葉に集約されます。

「それは私の管轄ではありません。私は、これから生きていかなくてはなりません」

つまり、執着を捨てて、前進していかなくてはならないのです。それが、生きることを全うするということです。

悲しみの進化は、怒りと恨み

自分が好きな人には、「いつまでもそばにいてほしい」という気持ちが湧いてくるでしょう。

しかし、これがすでに執着です。「いつまでも」という願いは、自然の法則に反しているからです。

この世の中のできごとはすべて無常ですから、子どもがいつまでも家にいることはありません。伴侶であっても、永遠に気持ちが変わらないとはいえません。気持ちが変わらなくても、やがて、死という別れがやってきます。

「いつまでも」という願いを持っていると、その人を取り上げられたときに、大きな悲しみと同時に怒りが生まれます。「いつまでも」という自分の願いが叶えられなかったという怒りです。

だから、永遠に変わらないものはないということを覚悟し、執着せずに、普通に愛情を持ってつき合っていけばいいのです。

もし、愛する人が亡くなっても、それは仕方のないことです。そう理解すれば、悲しみは生まれますが、自分の願いどおりにならなかったという怒りは、生まれないでしょう。

悲しみという感情には、必ず、怒りが含まれています。もし、愛する人が誰かに殺されたとなると、悲しみより怒りの感情が大きくふくらみます。怒りが強くなると「恨み」になるので、最終的には恨みに支配され、悲しみの感情が吹っ飛んでしまうこともあります。すると、どうなるでしょうか?

過去に、医療ミスで子どもが亡くなり、裁判で争って多額の慰謝料を手にしたというケースがありました。この場合、医療ミスという過ちを正しく裁いてほしいという気持ちもあるでしょうが、相手からお金をとることで、自分の怒りをスッキリさせたい気持ちもあるのです。怒りは恨みに変わっています。

自分の恨みをはらすために何かをしても、執着をすり替えたに過ぎないので、執着を手放すという根源的な解決になりません。この場合は、「自分の気持ちをどうしてくれよう」という思いを、多額のお金という別の執着に切り替えたのです。

仏教の観点からすると、執着が生まれたら、それを捨てる方向に心を向けるのが正しいのです。

捨てた悲しみの行き先

では、自分の子どもを殺されたというような場合、恨みを増幅させるのではなく、はらすのでもなく、どのように捨てればいいのでしょうか。

これも、過去にこんな事例がありました。インドでのことですが、医療ミスで子どもを失った女性が、医者が常に傲慢な態度であり、ミスを認めることもなかったとし、今後こうしたミスが起こらないようにするためにと、裁判にかけて争ったのです。結果、その女性が勝利しましたが、慰謝料を一銭も手にすることなく、そんなお金には一切触りたくないという意思表明をし、その場で全額を寄付しました。

つまり、亡くなった子どものことはもう管轄外だ。でも、自分ができることは何かと考えたとき、こうした被害をなくすために役立てられるのではないかと思い、社会のため、人のために行動したというわけです。

日本でも、犯罪被害者の立場になった人が、そうした犯罪や事故をなくすという社会貢献のために活動をしている例がたくさんあります。

同じような場面に立たされたとしても、自分の恨みをはらすための行為をとるか、人のために役立つ行為をとるかで、意味がまったく違ったものになります。

悲しみや怒りという執着をきちんと捨てれば、その場面で自分のできること、するべきことが見えてきます。どんな局面にも、仏教的なやり方があるのです。

子どもは自分のものではない、ということは頭ではわかっているのですが、ついつい自分の思いどおりにしようとして、日々、格闘してしまいます。子どものことでいえば、子どもを介してつき合う人間関係が大変という人がたくさんいます。子どもに対して執着しているから、トラブルが起こりやすいのでしょうか？

五つの欲を捨てる練習3

紙コップや割り箸のような人づき合いのすすめ

そもそも、人づき合いというのは、どんな関係であってもトラブルが起きやすいものです。なぜなら、人にはそれぞれ自分の見解というものがあるからですが、その詳しい話は次の章に譲りましょう。

ここでは、つき合いそのものに執着しない方法を考えてみます。子どもを介した母親同士のつき合いは、ある時期に限って必要な期限のあるつき合いです。会社や仕事関係のつき合いも同じです。人生のある期間だけ必要なのです。

人とのつき合い方にはいろいろあるのが自然ですから、一生使うクリスタルグラスのようなつき合いもあれば、一時的にだけつき合う紙コップのようなつき合いもあるでしょう。

母親同士のつき合いや仕事のつき合い、趣味のつき合いといった一時的なつき合いは、紙コップや割り箸のようなものです。紙コップや割り箸は、必要なときに使えばとても便利で役に立つけれど、それをまた洗って持ち歩くことはありません。必要なときに気持ちよく使って、あとは捨てる——、それでいいのです。

子どもが小さいうちは母親同士の情報交換が必要だったり、協力し合ったりしなければならないことがあるでしょうから、お互いに必要なことをギブアンドテイクし合えば、あとはそんなに深入りしなくていいのです。

トラブルが起こるほど、腹を立てたり、張り合ったりする必要はありません。怒ったり、恨んだりするのは、そのつき合いに執着しているからです。執着しないということを心に決めて、必要だと思うぶんだけつき合っていけばいいのです。

仕事でのつき合いも同じです。最初は同僚同士で仲良くやっていたとしても、出世していく人もいれば、部署が変わる人もいます。そのときに応じて、つき合う人は変わっていきます。定年退職すれば、つき合いそのものが終わるかもしれません。

ずっといつまでも同じ人とつき合っていくというのは、たまたまそういうことがあるかもしれませんが、めったにないと思っていればいいのです。そのほうが執着なく、気楽につき合えます。

人間への執着を捨てる

子どもや仕事、趣味といった何かを通したつき合いも必要ですが、もっと全人格でつき合う本物のつき合いもあります。それは、男性同士、女性同士といった性別には関係ない、また日本人でもアメリカ人でも何人でも関係ない、生命と生命のつき合いです。すべての執着を捨てて、生命同士としてつき合います。

もっと広く考えて、人間という執着を捨てれば、動物とも、虫とも、植物とも仲良くつき合っていけるでしょう。

こういうつき合いは、お互いに執着を捨てていますから、とても気が楽です。ゴルフ仲間のつき合いを見れば、ゲームの点数を競い合っているうちは楽しいのですが、それに執着すると、「張り合い」になってしまいます。つまり、どちらが「偉いか」

の張り合いになってしまうのです。

母親同士の関係も同じ。「うちの子のほうが勉強ができる」「〇〇ができる」といった張り合いになったり、お互いの経済状況、その他諸々、関係のないことまで張り合いの対象になって、妬み、中傷、怒りなどが生まれてしまいます。

人とのつき合いは、執着では成り立ちません。料理が苦手な人には、「私は料理が得意だから一緒に食べましょう」と誘えばいい。落ち込んでいる人がいたら、話を聞いてあげればいい。

執着を捨てることで、本物のつき合いを見つけることができるのです。

言語への執着を捨てる

性別や国への執着も捨てて、生命同士でつき合うという話をしました。その関連で、日本人の日本語への執着について考えてみましょう。

いろいろな国の人とつき合うためには、英語が便利なコミュニケーション・ツールになりますが、日本人は外国語を習得するのが苦手に見えます。世界を見渡してみれば、一つの言語しか話せないという人はほとんどいません。

インド人でも、地方の言語のほかに公用語のヒンドゥー語が必要なので、最低二つの言語を話します。教育は英語で行いますから、テレビでは英語とヒンドゥー語を行ったり来たりしながら放映されています。

ですから、日本語だけに執着していると、世界が狭くなります。「私は執着していない」「英語をしゃべりたくてしょうがない」と言う人がたくさんいますが、それでも英語を話せるようにならないのは、日本語に執着しているからといえます。

英語の勉強をするときに、常に日本語訳を入れるのも、日本語への執着が強いからです。まず日本語のフレーズありきで、それを英文に訳して暗記しています。

暗記したもので会話しようとしても、相手がどう反応するかわかりませんから、どれだけフレーズを暗記していても、会話は成り立ちません。その場、その場で、相手を見ながら、自分が伝えたいことを、そのとき閃いた単語の組み合わせやフレーズで話していくのです。そうすれば、相手に伝わります。

日本語に対する執着を捨てたら、外国語がスッと頭に入ってきて、とても便利なコミュニケーション・ツールとして役に立ちます。何かに対する執着を捨てれば、もっと素晴らしい世界を得ることができます。

勉強への執着を捨てる

ここでもう一つ、勉強したことが、なぜ役に立たないかについて話しておきましょう。英語に関していえば、日本人は学生時代に、長い時間をかけて習ってきていますし、その後、英検やTOEICを受ける人もたくさんいます。

それでも、「英語が話せるようにならない」と嘆いている人がたくさんいるのは、勉強する目的が学校の成績を上げることだったり、英検などの点数を上げることだったり、資格をとることだったりするからです。そうした成績や資格といったものに執着しているから、何を学んでも自分の役に立つ知識にならないのです。

いろいろな知識や情報を、ただ脳の中の記憶をつかさどる海馬《かいば》という場所に入れるだけ。本を読んだり、勉強したりして、いろいろなデータを取り入れることに熱心な人がいますが、それは、海馬というハードディスクにただ記録しているだけなのです。

だから、役に立ちません。ただ記録しているだけでは、自分の知識になったとはいえないからです。

勉強したら、その知識を人の役に立つために使います。英語を習得したのであれば、まだ習得していない人に、「こうすれば、効率よく覚えられる」とか「自分はこうやって覚えた」という経験やポイントを教えてあげるのです。

そんなこと、もったいなくてできませんか？　自分が苦労して手にしたヒントを人に教えてあげるのは悔しいですか？

自分の持っているものを人にあげることを惜しむ気持ちが執着です。自分の能力を物惜しみしてはいけません。自分がお金を払って料理学校に通って習得した技術であっても、それを知らない人に気前よく教えてあげればいいのです。それをケチると、自分の知識が堕落します。

反対に、人に教えてあげると、知識は自分の中にしっかり根づきます。自分が得た知識を使って、何か人の役に立つことをしてあげると、自分の知識になります。いつだって使えるようになります。

人のためになることに使ってはじめて、知識は自分のものになるのです。そのためには、「物惜しみ」という執着を捨てましょう。

自分への執着を捨てる

自分への執着というのは、なかなか根が深いものなので、ひと言で語ることはできませんが、ここでは、自分の身体への執着について考えてみましょう。

多くの人の悩みが、「もっとやせたい」「もっと若々しくいたい」「きれいに見られたい」「カッコよくなりたい」といった、自分の見た目に対する執着です。

自分の身体を年相応の健康な状態にメンテナンスし、死ぬまで歩いたり動いたり食べたり、人間として最低のことはできるように整えておくことは大事です。しかし、見た目はどんどん老けて、年寄りになっていくことは、宇宙の法則ですから避けることができません。

また、見た目がきれいかどうかは、生まれたときに決まっていますから、スポーツで鍛えたり、ダイエットで引き締めたり、おしゃれをしたりしても、それなりによくなるという程度です。

自分の見た目が気に入らないといっても、仕方がありません。健康においても、もともと健康で丈夫な人もいれば、病気にかかりやすい人もいるのは当たり前のことです。自分のできる範囲で健康でいればいいのです。あり得ない完ぺきな健康を求めて、「自分もそうなりたい」と夢想するのは執着です。

外見に執着していると、いつも大きなバッグを持ち歩かなければなりません。それは化粧道具だったり、スプレーだったり、タオルや着替えだったり、見た目を整えるための道具です。いつでもおしゃれでいたいという執着のために、いろいろなものを持ち歩くはめに陥り、バッグが重くなっていくのです。

自分の見た目への執着を捨てると、持ち物がすっかり少なくなります。重いバッグを置いて、もっと身軽にスイスイ歩いたほうが気持ちいいのではないでしょうか。

人生も同じ。自分で気がつかないうちに、執着という重りがどんどん増えていきます。執着を捨てて、軽々と明るく歩いていきましょう。

執着を最短で捨てられる方法

五欲を睡眠状態にする「サマタ瞑想」

以上が、お釈迦さまが教えている四つの執着のうち、一番目の「欲（五欲）への執着（kāmupādānaṃ）」です。

ここで整理すると、欲への執着とは、物に対する執着です。物とは、「色・声・香・味・触」のことです。それらが五つの感覚器官に触れます。すると感覚が起こり、そこから、五欲が生まれます。

五欲が生まれないようにするには、サマタ瞑想を行うのが効果的です。物から起こった感覚を、ただ感覚として認識する訓練です。声が聞こえたら、「きれいな声」とか「怖い声」というように感情を発動させず、ただ「声が聞こえた」と認識できるようにするのです。いわば、**五欲を睡眠状態にするわけです。ログアウト状態です。**

サマタ瞑想とは、集中力を上げる訓練です。方法はたくさんあります。呼吸瞑想はよく知られている方法です。この場合は、呼吸にだけ集中して訓練をするのです。

五感に触れる他の情報によって、心は乱れます。修行を続けると、この乱れが薄くなっていきます。やがて心が呼吸だけに集中することができるようになります。**「眼・耳・鼻・舌・身」に情報が触れても、心が揺らがない、動揺しない状態になります。これがサマーディという状態です。**見えたり聞こえたりする機能が低下しているように感じますので、サマーディ経験は日常の経験とは違います。生命は普通、五感の情報に依存して生きているのです。サマーディ状態に達したら、五感に依存することが一時的に停止します。そのとき、執着も睡眠状態になります。

執着がログアウト状態になると、はじめて至福感を味わいます。一時的に生きる苦しみを感じなくなります。俗世間で皆が感じる楽しみとは比較にならない、高度な至福感です。

この本では、日常生活を行いながら執着を捨てる方法を説明していきます。それが悩み苦しみのない楽な生き方になります。もしサマーディ状態を経験することができれば、俗世間の次元を超えた至福感を得ることが可能であると理解してください。サマーディをつくるためには、俗世間的な生き方から一時的にでも離れなくてはいけないのです。

お釈迦さまのおすすめ「慈悲の瞑想」

お釈迦さまは「慈悲の瞑想」を強く推薦しています（↓２０４ページ）。慈悲の瞑想をするために、日常生活から離れる必要はありません。自分を含むすべての生命が平等である、と心にインプットするプログラムなのです。

生命は皆エゴイストです。自分が唯一の存在である、という錯覚を抱いて生活をしています。それは強い執着です。その錯覚がある限り、悩み苦しみ、さまざまな対立から離れることはできません。

「私は幸せでありますように」
「私の親しい生命が幸せでありますように」
「生きとし生けるものが幸せでありますように」

「私の嫌いな生命や、私を嫌っている生命も、幸せでありますように」

と、くり返し念じてみるのです。その訓練によって、心が徐々に成長していきます。エゴイストのような態度は間違っていると、心が理解するのです。そこでサマーディが生まれます。生命は皆、自分と同じ存在であると、感じるようになります。悩み苦しみが消え、幸福に満たされて生きることができるようになります。

前に説明したサマタ瞑想は、神秘的であると言っても過言ではありません。慈悲の瞑想は、神秘的ではありません。日常生活を行いつつ実践することができます。

慈悲の瞑想をするために、俗世間との関係を一時的にでも断つ必要はありません。人間関係があったほうが、慈悲の気持ちをより深く理解できます。慈悲の実践を始めたその時点から、人間関係がスムーズになります。サマーディ状態に達するまで待つ必要もありません。

理性に基づいた瞑想なので、お釈迦さまが強く推薦している、また執着を捨てる簡単な方法です。

ブッダ式
執着の
捨て方のコツ

2

- 人は、物や心に触れると、何かを感じ、「もっと、もっと」という渇愛が生まれます。
- 「もっと、もっと」は、心を束縛していきます。
- 渇愛が生まれたら、放置します。
- いらない物は、恐れずにサッと捨てます。
- 生きていくための「必要量」をチェックしながら依存をします。

第2章

「意見」を捨てる

誰でも「自分の考え」を持っている

何かに「触れる」と、自分の意見ができる

四つの執着のうち、一番目の「物への執着」よりさらに強力なのが、「見解への執着」です。「見解」とは、ひと言でいえば、「自分の意見」です。

誰にでも、自分の意見というものがあります。「いえいえ、私はとくに意見など持っていません」と言うかもしれませんが、人はどんなことにも意見を持っているものなのです。

たとえば、今、あなたの目の前にコップがあります。そのコップをコップだと認識したのは、あなたの意見です。

「コップだと思っただけで意見？」「コップであることは事実であって、私の意見ではない」と思うかもしれません。しかし、今、目の前にあるものとは実際はただの「ガラス」です。それを「コップ」だとあなたが認識したのです。

私たち人間には「眼・耳・鼻・舌・身」という感覚器官があり、それらに情報が触れたとき、心の中に「概念」が生まれます。私たちは、その概念をかき回したり、まとめたりして、「自分の意見」というものを作成しています。

たとえば、目をつぶり、何も知らされずにパソコンを触ったとします。すると「何かの金属だな」と思うでしょう。過去に金属のものを触ったときの手触りを覚えていて、「金属」と判断するのです。この時点であなたの意見は「金属」です。

ところが目を開けると、ただの金属ではなく、パソコンであったことがわかります。すると、「金属である」という意見は消えて、「これはパソコンだ」という新しい意見が作成されます。

さらに、「このパソコンは新しい」と思うこともあります。それは、過去に新しいパソコンをいろいろ見てきた経験と、目の前にあるパソコンから得た情報を重ね合わせて、「このパソコンは新しい」という意見が作成されたのです。

このように、**人は何かに触れるたびに、自分の意見を作成し、それを正しいと思います。**そして、新しい情報が入ってきて、自分の意見が間違っているとわかったら、新しい意見に取り替えます。

人は常に、その時点での意見を正しいと思っているのです。

その話も、その行動も自分の意見に基づいている

たとえば、テレビで見た服を買うか買わないかは、あなたの意見で決めています。自分の中で「よし」という意見にまとまったら買うという行動に移しますし、「よくない」という意見にまとまったら買いません。それがブルーの服か、ピンクの服かということも、あなたの意見が決めています。

人はいつも自分の意見・見解を正しいと信じ、その意見・見解に沿って行動を起こし、生きています。

歯を磨くか磨かないか、朝食をとるかとらないかといったことも、すべて自分が正しいと思う意見にしたがって行動を起こしています。

ふだんは自分の意見・見解など意識していないでしょうが、「なぜ歯を磨くのか」と問われれば、自分の意見があることに気がつくはずです。それは、「口腔の清潔を保つため」でも「親にしつけられたことを守っている」でも何でもいいのです。どんな意見であっても、それが自分の意見です。

人は、何か話をしようとするときは自分の意見に基づいて話し、何か行動を起こすときも自分の意見に基づいて行動します。

しかし、自分の意見・見解に執着してしまうと、それに縛られて自由に生きられないということも事実です。

「朝、歯を磨く」という意見に固執し、「毎朝、必ず歯を磨くべき」という強固な意見になってしまうと、「歯を磨かない」という選択肢の入り込む余地がありません。自分の意見は正しいのか？　と疑問を持つ余地がなくなってしまうのです。

当然、他人にも意見がある

他人もあなたと同様、皆それぞれ「自分の意見」を持っています。そして、自分の意見を正しいと思っていますから、人と人の意見は、ほとんど折り合うことがありません。

意見と意見がぶつかり合うわけです。

これは、身近な例を見てもわかります。たとえば、どんな小さい子どもでも、自分の意見を持っています。幼稚園の子が「今、このおもちゃで遊ぶ」と言い張ったり、小学生の子が「今日は友だちと遊ぶ約束をした」と言って遊びに行くと言い張ったりします。これは、自分の意見の主張ですね。

ところが、お母さんにはお母さんの意見があるので、「遊ぶより、先にご飯を食べなさい」「遊びに行くのは宿題を済ませてからにしなさい」と意見を主張します。最後は、お互いの意見がぶつかり合って、ケンカになってしまうこともあるでしょう。

意見・見解というものは、自分なりのものの見方、考え方ということです。**世の中**

のいろいろな情報は常に自分の中に入ってくるので、それを脳が勝手にまとめて、自分の意見をつくり出し、更新しています。

意見や見解は、その人が住む環境にも影響されます。たとえば、日本人は日本にいて手に入るデータによって意見を作成し、アメリカ人はアメリカで手に入る情報によって意見を作成しています。森の中で生活をしていれば、そこで入ってくる情報によって意見が生まれます。そうしてできあがった意見を、それぞれ自分が正しいと思っているから、主張すればぶつかり合うのです。

もちろん、意見・見解は住んでいる場所の違いのみならず、世代によっても、属している集団によっても、趣味や嗜好などによっても違います。個人個人違うものなのです。

夫婦ゲンカも戦争も、見解の相違に過ぎない

よく「見解の相違」という言葉が使われますが、要はお互いの意見が合わないということです。先ほど例に挙げたように、母親と子どもが見解の相違でケンカすること

もあるでしょう。夫婦ゲンカ、仕事上のケンカ、そして、戦争にまで発展する国同士のケンカもあります。

皆それぞれに自分の意見や自国の意見があり、自分の意見が正しいと思っているからぶつかり合う――。要は、見解の相違です。

人は自分の意見を否定されたり、批判されたりすると、自分の意見に執着します。自分の意見は正しいと思っているので、それに対して攻撃されると「守らなくてはならない」という姿勢になってしまうのです。

たとえば、自分が着ている服を見て、友人が「あまり似合ってないね」と言ったとしましょう。友人に悪意はなかったかもしれませんが、あなたはちょっと傷つくでしょう。もし、「あなたの服って、いつも似合ってないね」と言われたら、その服というより、自分のセンス自体を否定されることになるので、かなり傷つくことでしょう。

どういう服を選ぶかというのはあなたの意見ですし、服のセンスというのは、あなたの中のかなり大きな意見になります。

人は「自分の意見」と「自分」とを同一視しているため、意見を批判されると、自

分が否定されている気持ちになって傷つきます。そして、ケンカになるのです。しかし、言い合いというケンカになるのは相手が同等の立場の場合で、相手のほうが強ければ言い返せずに落ち込むかもしれません。「落ち込み」は「怒り」の姿を変えた形です。

正しいと思える意見に更新していく

物への執着より強い意見への執着

生活をしていれば、さまざまな場面で意見のぶつかり合いが生まれます。家庭で、職場で、学校で、仲間とのつき合いの中で……。そして、自分の意見を批判されたり、否定されたりすると、自分の意見を守るために固執（＝執着）してしまいます。

意見を闘わそうなどという心づもりはないのに、何かのきっかけで相手から自分の意見を否定されると、傷ついたり、頭にきたりして言い返してしまいます。それまで、自分の意見など大して気にもしていなかったのに、否定されることによって、自分の意見に執着してしまうのです。もしくは、自分の意見に執着していることに気づくのです。

そこから生まれるものは、怒り、妬み、恨み、落ち込み、悩み、苦しみといった暗い感情です。

「意見への執着」が「物への執着」より強いのは、「意見イコール自分」という気持ちが強いからです。ある物に対して「これが自分の全人格」というほど執着する人はめったにいませんが、生き方や宗教、政治などへの自分なりの意見・見解であれば、自分の人格とイコールに近いほど執着している人はたくさんいます。

そうした意見と意見がぶつかると、激しいバトルになることがあります。宗教戦争や国同士の戦争は、その最たるものです。皆、自分の意見・見解に固執した結果もたらされた悲劇なのです。

自分に意見や見解があるということは、ふだん気にしていませんでした。たしかに、人と話していると「えっ?」と思うことがあって、自分の意見とのズレを感じることもあります。そこで、お互いが意見を主張し合ったり、譲らなかったりすると、ケンカに発展するということですね。言い合っているうちにエスカレートして、自分の意見に固執してしまうことはあります。どうでもいいはずだった意見なのに……。

意見は日々変わるもの

自分の意見に執着している状態を観察するとわかりますが、自分の意見だけを守ろうと必死になっています。そして攻撃的になり、怒りに燃えている場合もあります。

しかし、自分の意見だけにかたくなに執着していていいことがあるでしょうか？　怒りで目が曇ってしまうと、相手の意見に素直に耳を傾けることができなくなります。まわりが見えなくなって、視野が狭くなるので、自分の狭い世界に閉じこもることになります。

そんな状態では、この世の真実を見よう、学ぼうという姿勢を失ってしまいますね。

ですから、自分の意見は捨てましょう。いつでもバッサリ捨てられるように心を柔軟に保っておきましょう。世の中では、意見がコロコロ変わる人のことをよしとしない風潮もありますが、**意見というのは日々変わるものなのです。**

今朝起きて読んだ新聞にあることが書かれていた。その内容は真実であると判断できたので、その意見を取り入れ、間違っていた自分の意見を捨てた——。意見を新しくするのはいいことです。何の問題もありません。

「自分の意見は正しいから変える必要はない」と考えている人は世間を知らない無知、「自分の意見は変えない」と自分を顧《かえり》みることすらしない人は傲慢です。

「自分には常に意見がある、しかし、正しいわけではない」と考えるのです。

どんどん意見を交換し、または情報を収集して生まれた意見を吟味し、より正しいと思える意見を見つけたら入れ替えればいいのです。**日々、正しいと思える意見に更新していくことが、正しい意見（＝正見《しょうけん》）を求めるための唯一の道なのです。**

完全に正しい意見・見解とは、

「執着に値するものは何ひとつ存在しない」

ということ。これを発見することが、正見を求める道のゴールです。

日々の脳内のデータ更新で、執着は捨てられる

あなたのその意見、どこから来たもの？

ここで、意見が生まれる前提について考えてみましょう。人は、「物が存在する」という前提で意見をつくっています。自分というものに対しても、「自分は存在する」に決まっていると思っています。

しかし、自分は存在しません。「自分は存在する」ということ自体が、「自分の意見」に過ぎないからです。自分が存在することは、科学的に証明されていません。自分で勝手に思っているだけです。だから、意見というものについて考えるとき、まず、**前提としての「自分は存在する」という意見を疑わなければなりません。**

「この世のものは、実際は存在しない」という意見を持っている人がいます。また、「奇跡なんてありません」「奇跡は嘘です」という意見の人がいます。こうした意見を持っている人であっても、自分は存在すると思っています。

ある少年が宗教の講義を受けて、「神や仏はいません。神や仏は人間がつくったものです」と自分の意見を言いました。この子は、神や仏は人間がつくった妄想だという真実を知っているわけです。それは正しいことですが、この子自身も自分のことに対しては、「自分は存在する」という意見を持っています。

どんな意見を述べているときも、「それを述べている自分は存在する」という自分の意見を常に確認しましょう。「自分は存在する」という意見に固執することは、自分に対する執着です。自分自身への執着については、四番目の「我論への執着」でさらに詳しく解説します。

自分に触ってみれば感触があるので、自分という身体は存在しているかもしれません。でも、自分という意識が存在しているかどうかは、自分以外わかりませんね。

証拠のない意見の言い合いは、終わることがない

「自分の意見」の中に、すべての宗教も入ります。宗教というものは事実としてこの世の中にあるのではなく、人間が考えた一つの意見・見解に過ぎないのです。

実際、この世の中に神も仏（お釈迦さまを除く阿弥陀如来など）もいないでしょう。神がいるという証拠は何もないのに、ある人間が「神はいる。神が人間をつくった」と説いているだけです。しかし、私たちは、この世の中に神が存在しないことを知っています。神は人間がつくった妄想であり、人間が神をつくったのです。

「Man created God.」こそが真実です。

ところが、宗教を信じている人が「私は神を信じます」「神が存在することを信じます」という意見を述べても、その証拠がないので、こちらは反論のしようがありません。つまり、証拠のない意見に対しては、お互いの意見をただ述べ合うだけの水かけ論になってしまうということです。

そこに新しい意見も、正しい見解も生まれません。生まれるのは、自分の意見を押

し通すためのケンカであり、戦争です。これは歴史を振り返ればわかることですが、過去に多くの宗教戦争が起こり、現在もまだ、宗教による戦争は各地で起こっています。その原因は宗教という名の見解の相違です。

証拠がない同士の言い合いですから、真実の見解にたどりつくことがなく、延々と水かけ論を行うことになってしまうのです。

宗教という見解は、批判したら殺し合いに発展する可能性のある恐ろしい見解であることを認識しましょう。そして、自分が宗教という見解に絡めとられていないか、常にチェックする姿勢を持ちましょう。自由に物ごとを考えることができない見解は、人を強く束縛し、とても強い執着となります。

原理主義者のオサマ・ビンラディンは、自分のお金を活動に寄付し、お金を捨てることはできていたと思いますが、原理主義は捨てられませんでした。原理主義も「自分の意見」です。お金を捨てることができる人でも、自分の意見だけは捨てられないということです。

楽しみも捨てられる、贅沢も捨てられるという人が、自分の意見に執着しているのはよくあることです。

言い合いやケンカや戦争は、損得勘定によっても起こりますが、自分の意見への執着で起こることのほうが多いのです。

新しい意見が正しかったら、すぐさま入れ替える

意見や見解に執着していると、頭がロックされてしまうため、自分の頭を使って自由に物ごとを考えられなくなります。なかでも注意しなければならないのが、先ほども述べた宗教の見解です。宗教の見解に執着していると、自分の頭で考えればわかる「人殺しはよくない」といった当たり前の意見をも顧みることができなくなり、魔女狩りやテロや戦争で人を殺します。自分の命さえも殺します。

歴史を振り返ってみると、宗教という見解に対する執着を破ったのは、科学の見解でした。科学は、それまで正しいと信じられていたこと、でも、根拠がなかったただの迷信や妄想を打ち破りました。宗教による弾圧に抗《あらが》って、地球が動いていることを証明したガリレオ・ガリレイがいい例です。

科学は、それまで人間が知らなかった事実を次々に発見し、データを更新していっています。科学の世界では、新しい見解が現れてそれが実証されたら、古い見解はただちに捨てなくてはいけないのです。

新しい見解を発表するときは、誰でもその見解を試してみることができるように、きちんと根拠を提示しなければなりません。そして、世界中の科学者やそれに関わる人たちが考察した結果、新しい見解は「新事実」として採用されるのです。新しい見解は、世界の誰もがアクセスできるように、公平に提示されています。

立派な科学者であれば、そうして新事実が現れたら、直ちに自分の間違った見解を変えるという常にオープンな心でいないといけません。新事実が自分の見解とは違うといって、自分の見解を振り返って検証することもなく、ただしがみついているだけの科学者は、科学者としての資質がないといえます。

一般の人々でも、新しい見解に触れたら、自分の見解と照らし合わせてみます。そして、新しい見解が正しいと思ったら入れ替えるのです。

それが、心を自由にすることになります。常に現状を疑問視することで新しい科学のアイデアが次々と現れてくるように、**常に、「自分の見解は正しいのか」というチェックを自分にし続けることで、自由になるのです。**

そして、この世の物ごとは、自分も含めて常に変化していること——つまり、無常だということを理解し、「執着するべき自分の意見はない」ということを理解しましょう。

自分の意見を捨てると心が自由になるということがわかりました。現代風の言葉でいえば、「データの更新」なんですね。

コンピュータや科学の世界が日々、更新されているのは、世界中の人たちがどこからでもアクセス可能になっているからですね。

経験に感情をくっつけると執着になる

年をとったら頑固になる!?

少し視点を変えて、年をとることと見解について考えてみましょう。よく、年をとると頑固になっていくといわれますが、これは、自分の見解にしがみつくからでしょうか？　それとも、たくさんの経験を重ねたからでしょうか？

結論をいうと、私たちは、経験に縛られることはありません。

生きている限り、毎日、毎秒、経験を積んでいますが、それはただ積んでいるだけという、ごく自然な成り行きです。

しかし、「今日はこんな経験をした」と思うと、それは見解になります。人が「こんな経験をした」と意識したり、思い出したり、人に話したりするときは、無限大に積み重ねている経験の中から、ほんの一つを取り出して考えているからです。

その時点で、執着が生まれます。**経験は見解（＝自分の意見）に変わります。**その見解にしがみつくことで、経験から生まれる見解も多いでしょう。年をとっている人のほうが、経験年数が多いので、経験から生まれる見解も多いでしょう。その見解にしがみつきやすい人は、頑固になったり、頭がかたくなったりするのです。

もし、自分が年をとるにつれて頑固になってきたと感じているのであれば、それは、経験のせいではないと考えましょう。経験から生まれる見解に執着しているから、頑固になったのだと理解します。

たとえば、若いときにあるスポーツで優勝し、マスコミにも取り上げられたとしましょう。すると、スポーツで優勝したという経験に、人気者になって嬉しかったという感情がくっつくので、その経験は見解になり、そして、しがみつきやすくなります。過去の栄光に執着してしまうのです。

すると、現在の年齢や老化の具合を考えずに、またそのスポーツに挑戦したりします。ほどほどに続けるのであればいいのでしょうが、また優勝したいと熱中して、ケガを負ったりします。

経験に欲や怒りといった感情がくっついてしまうと、ただの経験が、過去の栄光や後悔となり、異常に執着してしまうのです。


過去、無数の経験をしているはずなのに、それだけを取り出して美化したり、よけい悪く考えたり、勝手に加工しているのですね。ところで、自分で意識した経験が見解になるとすると、「経験を生かす」とはどういうことなのでしょうか？

経験を生かすことに執着が関係してしまうのでしょうか？

経験を生かすと執着になる⁉

人は毎秒、毎秒、経験を積んでいます。今このときだって、この文章を読んでいること自体が経験ですし、呼吸をしていることも、まばたきをしていることも経験です。

そして、人は自然にその経験を生かしています。

経験をすべて捨ててしまったら、呼吸をするたびに、いちいち「どうやって息を吸うんだっけ？」と考えなければならないでしょう。

今読んでいる文章は読み終えたら忘れてしまうかもしれませんが、それは経験として残っていて、自然にどこかで生かされます。

毎日、手術をしている医師は、その何百回という経験を自然に生かしているでしょう。「この5年間の経験を、どこに生かせばいいのか」とか「ここでは、どの経験を生かせばいいんだっけ」などと考える必要はありません。ただ、淡々と手術をこなしていくその動きの中に、今までの経験が自然に生かされているのです。

もし、手術に失敗することがあるとしたら、それは、**経験という見解に執着したときです。**「私は何百例もこなしてきたのだから、もう大丈夫だ」とか「今日の手術は今までに比べたら難しくない」というふうに、経験が過去の成功に執着することにすり替わってしまったら、失敗するかもしれません。経験ではなく、見解が足を引っ張ったのです。

ですから、「経験を生かす」ためには、ただ経験を積んでいればいいのです。そして、経験から見解を生み出して執着していないか注意し、「経験」という名の間違った見解にしがみつかないようにするのです。

今度は、失恋をしたある男性の話をしましょう。失恋という経験は、誰にでもある普通のことです。しかし、それでショックを受けて落ち込むと、執着が生まれやすくなります。「落ち込み」は「怒り」の変形ですから、強いエネルギーを持っているのです。

しかし、怒りのエネルギーで恋人を取り戻そうとしても、人は怒りを持っている人を嫌いますから、うまくいきません。するとその男性は、「もう二度と恋はしません」などと思います。

失恋という経験から、「もう二度と恋はしない」という見解（＝自分の意見）をつくり出したのです。そこには怒りという強い感情が含まれていますから、当然、その見解に執着します。すると、なかなか新しい恋に巡り合えないでしょう。

失恋をしたら、ただ「失恋した」と受け止めればいいのです。そうすれば、失恋という経験は、これからの人生で自然に生かされていくでしょう。「もう二度と恋はしない」という間違った見解を生み出さずに済むのです。

私たちは過去を振り返って、「あんなことがあった」とか「こんなことがあった」とか、つらかったことをよく思い出します。そして、「だから、こんな暗い性格になってしまったのだ」と決めつけがちです。それも、経験に感情をくっつけて、勝手に見解にして執着しているのは自分だということがわかりました。

見解の相違から、トラブルは生まれる

家族も一つのパッケージ。一人の意見だけを通すことはできない

夫婦仲がよくない、夫が家事を手伝ってくれない、子どもが勉強をしない、言うことを聞かないなど、家庭内の小さいもめごとやケンカが絶えない――。しかし、家族だから、全員の意見（＝全員の見解）が合致するということがあるでしょうか？

家族といっても、各人がそれぞれに自分の意見を持っています。子どもはどんなに小さくても、自分の意見を持っていないということはありません。小さい子どもにも自分の意見があり、自分の意見を正しいと思っているから、その意見に沿って行動しているのです。

だから、それぞれが自分の意見を主張するだけであれば、そこにケンカやトラブルが発生してしまうのです。

各人は皆自分の意見を持っていますが、家族というパッケージの中にいるのですから、ある個人の意見だけを通すことはできません。

たとえば、国という単位で見てみるとわかるでしょう。総理大臣は自分の意見を持っていて、そのように政権運営をしたいと考えているでしょう。しかし、日本は民主主義国家ですから、総理大臣の意見がそのまま通るということはありません。大臣と話し合い、与党と話し合い、野党と話し合い……といった協議をくり返し、総理大臣個人の意見を、皆の意見にしていくのです。

これは家庭でも同じです。お互いの意見を出し合って、皆で協議をし、決定していきます。自分の意見だけが通るということはありませんし、自分の意見だけが正しいということもありません。

自分の意見も言うけれど、相手の意見も聞く。そして、自分の意見が間違っている可能性もあるということに気をつけて、話し合う。こういう正しい交渉（ネゴシエーション）を行えば、無用なトラブルは起きません。家庭を普通に、幸せに運営していくことができるでしょう。

そうした正しいネゴシエーションを行う用意を、いつでもしておくこと。自分の見解が間違っているかもしれないということに注意をし、間違っていることがわかったら、すぐに入れ替えること。子ども相手に話しているから、大人である自分のほうが絶対に正しいとは限りません。

家族だと、つい話し合わなくてもわかってくれるだろうという甘えや、自分の意見を通したいというわがままが出てしまいがちです。でも、いちばん身近な人間関係にある家族だからこそ、きちんと意見を出し合って、話し合わないとうまくいかないのですね。

結婚も一つのパッケージ

そもそも結婚というものが執着です。その人と結婚したいと思うのは愛着（＝執着）

です。夫は妻に、妻は夫に執着し、子どもができたら子どもに執着しているのです。結婚して、結婚に執着し、家族に執着をしているのに、自由に生きたいという人がいますが、それは無理でしょう。執着とは自由にならない（＝束縛される）ことですから、結婚という執着を選んだ時点で、独身時代と同じような自由を手にできるはずはないのです。結婚するにあたって、それを覚悟していないのはおかしいといえます。

結婚とは、パッケージです。結婚をしたら、自分の意見だけが通るということはありません。

国会議員が自分の意見を述べる国会という場では、ひとりの持ち時間が決まっています。述べたいことがたくさんあっても、誰かひとりだけ持ち時間を延ばすことはできません。「あれも言いたい」「これも言いたい」「だから、もっと時間をくれ」というのは通用しないのです。

家庭生活も同様。自分ひとりだけが何時間も意見を述べて、ほかの人の意見は聞かないというのは通用しません。家族全員にそれぞれ意見があり、それを述べる時間は平等でなければおかしいでしょう。

家族の間で何らかのトラブルが起きたときは、誰かが自分の意見だけを通そうとしているのです。家族皆にそれぞれの意見があることを理解し、その意見を言い合って、正しく交渉していくことをそれぞれが心がけていれば、家庭生活の場ではそんなに問題は起きません。

社会の人間関係においてもそうです。皆が見解の相違に気がつき、自分の見解は間違っているかもしれないことに気をつけていれば、そんなに問題は起こりません。見解への執着は、自分の心を不自由にするだけでなく、人間関係をはじめ、国同士の関係など、あらゆるところでトラブルを発生させてしまうのです。

ブッダ式
執着の
捨て方のコツ

3

- 人は何かに触れると、自分の意見をつくり、それが正しいと感じます。
- 意見・見解の相違から、争いが起きます。
- 自分の意見・見解に執着してしまうと、自由に生きられません。
- 日々、正しいと思える意見に脳内を更新していくことが、正見を求める道です。

第3章

「儀式」を捨てる

脳をロックしてしまう儀式

知らない間に「儀式マニア」に

「儀式・儀礼への執着（sīlabbatupādānaṃ）」は、四つの執着の三番目にあるように、「物への執着」や「見解への執着」より、さらに手ごわい執着です。それというのも、自分の心に、この執着があることに気がつかない人が非常に多いからです。

たとえば「儀式・儀礼への執着」という言葉を読んだだけで、「自分は儀式・儀礼にはとらわれていない」とか「儀式・儀礼なんて嫌いだ」と思った人も少なからずいるのではないでしょうか。

しかし、そういう人も、会社では朝礼をしていたりします。朝から内容のあるミーティングを行うというのであれば、それは仕事でしょう。しかし、ただ上司の訓示を聞くだけだったり、社員が順番に抱負を述べ合ったりするような朝礼は、儀式や儀礼であるといえるのです。

こうした儀式・儀礼は、学校や会社、そして、政治世界でも、日常的にたくさん行われています。国会討論を見れば、始まる前に議員一同が日の丸に向かってお辞儀をします。しかし、国というものは存在しません。国というのは、ただ人間が頭の中でつくりあげた概念です。その概念の象徴が日の丸ですから、日の丸はただの布に過ぎません。それを議場に掲げて、全議員でお辞儀をするというのは、欺瞞に満ちた儀式・儀礼だといえるでしょう。

しかし、「儀式や儀礼が好き」と言う人もいますし、「朝礼をしたり、国旗にお辞儀をしたりしても、何も困りはしないだろう」と言う人もいます。

儀式や儀礼をただ行うだけであれば、たしかに問題ないでしょう。しかし、人間は儀式・儀礼をくり返し行って、習慣化するのが大好きなのです。すると、儀式・儀礼に執着するようになり、目的がすり替わってしまいます。

社員の士気を高めるための朝礼だったのが、いつの間にか、社員を束縛するための朝礼に変わっていってしまうのです。

同じ行為のくり返しが不自由さを生む

儀式や儀礼に対する執着が生まれると、「何が何でも儀式・儀礼を行おう」という気持ちが強くなり、優先順位が変わるのです。

前項の例でいえば、毎日朝礼を行うという儀式に執着すると、何が何でも毎日朝礼を行うことが大事になってきます。台風が来ようと、電車が止まろうと、毎朝同じ時間に社員全員が集まることのほうが重要視され、社長は体調が悪くなっても出勤することが求められるという、本末転倒の結果になってしまうのです。

すると、社員の士気を高めるために始めたことが、朝礼という儀式に社長も社員もがんじがらめに束縛されることになってしまいます。しかも、執着している当人たちは、それに疑問を持つことができません。**執着とは束縛ですから、脳が束縛されていて、自由に考えることができなくなるのです。**

あとはもう、漫然とくり返していくだけです。

「朝礼は何のためにするのか」と考える人が現れない限り、儀式・儀礼化したものは自動的に引き継がれ、無意味に行われていきます。

この世の中には、儀式や儀礼どおりに行うのが好きという人もたくさんいますから、物ごとの本質が何かということより、儀式・儀礼を今までどおりに遂行することが重要視されていきます。儀式・儀礼どおりに生きることに、とくに気持ち悪さを感じていないという人もたくさんいます。

しかし、同じ行為を無意味にくり返すだけでは、人間としての成長がありません。自分は、どれだけ自由にものを考えられなくなっているかということに、気がつけるようになりましょう。

そもそも、自分が儀式・儀礼が好きかどうかなどと考えたこともありませんでした。形式だけの朝礼とか、昔からこうしているからというだけの古い習慣を守らされることには、何となく疑問を感じていましたが……。

土用の丑の日にウナギは食べないとダメ？

話は変わりますが、日本人はウナギが大好きです。なぜ日本人はウナギを食べるのでしょうか？

それは、夏の土用の丑の日にウナギを食べると元気になる、夏バテしないという迷信があるからですね。もちろん、ウナギの味が好きという人もいるでしょう。

しかし、世界中のウナギが絶滅しそうだというのに、まだ「ウナギを食べたい」「食べられなくなったらどうすればいいか」といったニュースがテレビから流れてきます。これは、どうしたことでしょうか。絶滅しそうなら、もう食べなくすればいいだけの話ではないでしょうか。

理由を考えてみると、夏にウナギを食べるのは習慣であり、儀式化しているのです。だから、今年も来年も、それを守り続けなくてはならないと思い込んでいるのです。

これは、儀式・儀礼への立派な執着です。

儀式・儀礼には、習慣やしきたりなども含まれます。ですから、ウナギの例を見るとわかるように、じつはふだん何気なくしていることの中に儀式・儀礼が含まれていて、知らずに束縛され、そのこと自体にも気づいていないという事態になるのです。

日本人は世界のウナギの4分の3を食べ尽くし、ウナギが絶滅しそうだといわれているのだから、もう食べるのをやめる。理性を使って考えれば、それが賢明な答えであることがすぐにわかるのです。

何が儀式・儀礼であり、自分の中にそれをよしとして従っているところがないかどうかを確認することを怠っていると、自分が儀式・儀礼に執着していることに気づきません。執着とは、脳をロックしてはたらかせなくすることです。

だから、ウナギを食べるのをやめるという、簡単で、正しい結論さえ導き出せなくなってしまうのです。

日本人がウナギに執着するのは、儀式・儀礼と結びついているからなのですね。子どものころからそうしてきたからというのが、束縛されているということだったとは……。

たくさんのしきたりに則ったほうが安心

脳は、習慣が大好き

こうして見てみると、私たちがいかに儀式・儀礼に縛られているかがわかります。

「儀式は嫌いだ」「しきたりなんかどうでもいい」と言う人も、残念ながら、儀式・儀礼に縛られています。

なぜなら、人間の脳は、マンネリが大好き。習慣にしたり、習性にしたりすることが大好きだからです。儀式・儀礼への執着を手放すには、こうした脳の志向性に気がつかなくてはなりません。

脳がマンネリや習慣を好むのは、そのほうが混乱せず、判断に悩むこともなく、楽に活動できるからです。脳という臓器も、他の臓器と同様、楽に、怠けて活動できるほうを選択します。

もし、あなたがこれから戦時下の国へ行き、混乱の中で、一生暮らすことになったとしたら大変でしょう。行きたくないと思うでしょう。平和な日本から、内戦の中にある国に引っ越すことになれば、毎日の生活習慣から、危機管理意識から、人づき合いの仕方から、すべて変えなければ生きていけません。そうなると、とても困ったことになるはずです。

人は、それまでと、まったく違う生き方をしたくないのです。今のままでいたいという気持ちが誰の中にもあるのです。脳は、常に怠けたいのです。

ですから、**脳は、すぐにオートパイロット機能をオンにします。**つまり、自動運転に切り替えるのです。脚が疲れたという信号を脚から受け取ったら、何も考えず、脚を組み替えるという信号を自動で発信します。

脚を組み替えたのは、あなたが「脚が疲れたから組み替えよう」と思ったからではありません。脳はいつもオートパイロット機能をオンにしていますから、自動的に脳が信号を送ります。そういう仕組みができあがっているのです。

脳は、マンネリや習慣が大好きであるということを理解しておきましょう。私たちの人生はさまざまな習慣、決まり、規則、しきたり、儀式、儀礼などでいっぱいです。そして、知らずしらずのうちに、そうしたものに縛られ、執着し、心の自由を失っています。

もしも、マンネリや習慣を禁止したら

儀式に反発を覚えるような人の中にも、儀式・儀礼が深い執着や習慣として根づいているのは、人は教育やしつけなどを受けて大人になっていくからです。この世に生まれたからには、社会に適応しなくてはなりません。したがって、子どもは教育やしつけを受けなくてはならないのです。

しかし、教育とは、この世の中に存在するさまざまな儀式・儀礼を叩きこむことでもあります。しつけとは、何も考えずにその行動をできるようになるまで訓練するということです。要は、マンネリでできるようにするということです。

このような現実が、儀式・儀礼への執着を生んでいます。

だからといって、儀式・儀礼への執着がなければ、人は生きていけません。マンネリや習慣を禁止したら、人は不安になってしまうのです。

たとえば、誰か友人の家の食事に招待されたとしましょう。ここで、すべてのマンネリや習慣化された行為を禁止したら、人は何をすればいいか、わからなくなってしまうでしょう。

だから、マンネリや習慣に従うのです。家に入ったときに「こんにちは」と挨拶をし、「ご招待いただきまして……」とお礼を述べ、スリッパを差し出してくれたらそれを履いて室内に入ります。食事に招待されたからといって、勝手にキッチンに入って食べてはいけないということもわかります。家人が指定してくれた椅子について、食事が出てくるのを待つでしょう。

招待する側も、何のマンネリも習慣もなければ、どうしていいかわかりません。そこで、マンネリや習慣に則《のっと》って、客人に「ようこそ、いらっしゃい」と言って家の中に招き入れ、「ここにお座りください」と椅子を勧めるのです。食事の用意ができたら、「乾杯」と言って、客人に食べ始めるよう合図を送るのです。

これらは、すべて決まりであり、習慣であり、マナーであり、儀式・儀礼です。しかし、そうしたものが何もなくなってしまったら、人間はすぐ不安になり、「どうすればいい?」とおろおろしてしまいます。

人間は、その場その場で状況をすぐに判断する能力がありません。だから、さまざまなしきたりをつくっておいて、それに則って生きています。

人は、儀式・儀礼に従って生きたほうが楽なのです。しかし、そこに自由はありません。

宗教は儀式がてんこ盛り

お祈りをしている間、心の成長は止まってしまう

儀式・儀礼といえば、宗教こそ何ものにも勝《まさ》る凝った代物です。

宗教には、あれやこれやと、ものすごい数の「教え」という儀式・儀礼があります。毎朝祈れば商売が繁盛するとか、極楽浄土に行けるとか、山を登ると霊験あらたかになるとか、断食すれば心が清らかになるなど――。

何の意味があるかわからない儀式やしきたりや習慣がたくさんあります。それは、人間には、何か習慣やマンネリになるものをやりたいという気持ちがあるからです。そういう気持ちをうまく利用して、宗教が生き延びてきたという面もあるのです。

たとえば、朝の1時間、お祈りすると幸せになれると教えている宗教があるとしましょう。人は、それを信じて、朝の1時間、祈りをあげるのが好きなのです。「なぜ、この祈りと幸せになることが関係あるのか」と考えることは面倒だから、何も考えずに、ただその祈りを毎日こなしているほうがいいのです。

しかし、儀式・儀礼に執着していたら、本当の意味で幸せになることはできません。そのうえ「幸せでない」という心の状態を儀式・儀礼で満たそうという気持ちが強くなり、神社のお札を買ってきたり、パワースポットなどといわれるところを回ったり、聖水などと呼ばれる水をありがたがって飲んだりするのです。

そうして、「この儀式・儀礼を行ったら自分は幸せになれる」という執着がどんどん強くなっていくのです。ますます儀式・儀礼から離れることができなくなってしまいます。

しかし、儀式・儀礼に執着している間は、人間はみじんも成長しません。

朝1時間も祈りをあげる、その1時間がもったいないと思いませんか？　毎月1回、断食を行っても、天国に行けるという保証はありません。意味のないことをただくり返しても、時間と労力の無駄遣いになるだけです。そして、何かの習慣を守れば「救われる」という気持ちだけが強くなり、本格的な執着になってしまうのです。

さらに、人間としての成長が止まるというだけならまだしも、宗教という儀式・儀礼にとらわれた人たちは、平気で人殺しをしたり、戦争をしたりします。しかも、自分自身が宗教という儀式・儀礼にとらわれているという認識がないので、「自分が間違っているかも」と、疑うことを知りません。

神社でお札を買うというのは、何気なくしていたことです。そこに儀式・儀礼に対する執着があるなど、思ってもみませんでした。宗教だけでなく、マナーにしてもしかり。自分が日常生活の中で何気なくしていることについて、自分を振り返ってみる必要があるようです。

苦行＝修行ではない

神さまに「祈りなさい」と言われたら一心不乱にお祈りをする、「滝に打たれなさい」と言われれば一生懸命打たれる、「断食をしなさい」と言われれば一生懸命断食をする――。世の中にはこういった「苦行」を行うことこそ「修行」だという誤解が蔓延しています。これは、「自分は無宗教」という人においても同じ。修行とは苦行を行うことだと思い込んでいたりします。

儀式・儀礼への執着を捨てるには、宗教があっても無宗教でも、まず「修行とは苦行である」という思い込みを捨てることです。**「意味もなく、何かをやり続ける」ことを称賛する気持ちを捨てます。**

イスラム教では一日に5回も神に祈りを捧げ、それを死ぬまで続けるように教えていますが、それで天国に行ける保証はありません。イスラム教徒以外の人間であれば、「なぜ、何の保証もないのに、そんな大変なことを一生涯続けなければならないのか?」と疑問に思うでしょう。

しかし、イスラム教徒であれば、疑問を持つことさえ禁じられ、もちろん議論することも禁じられています。信仰する宗教に疑問を持つという、ささやかな心の自由さえ奪われているのです。

キリスト教でも同じです。朝晩の祈り、食事前の祈り、日曜日の祈りなど、いろいろなシチュエーションで祈ることを教えていますが、その祈りはどれくらい行えば完了するのでしょうか？　何回教会に行ったら完了なのでしょうか？

キリスト教徒に「神を信仰すれば、天国に行くことは確定されているのか？」と聞けば、こう答えるでしょう。「それは人間が考えることではありません。決めるのは神です」と。最後の審判という言葉がありますが、死後に最後の審判を受けるまでわからないということです。

こうした宗教という儀式・儀礼に束縛されている問題点は、同じことをいくらくり返しても完了することがなく、死ぬ瞬間まで束縛され続けるということです。死んでみなければ、天国に行けるかどうかわからないと教えられるのだから、死ぬ瞬間まで祈りを捧げなければならないのです。

死ぬまで束縛されるということは、心を自由にするチャンスを永遠に奪われるということ。儀式・儀礼から解放されることが、真の意味で心の自由を手にすることなのに――。

世間一般では、信仰が篤い人のことを立派だと称賛する風潮がありますが、その尺度をいったん見直してみることが大事なのでしょうか。

無宗教者でも、死ぬときは宗教者

では、無宗教であれば、儀式・儀礼の束縛から自由でいられるでしょうか？　日本人は、基本的に無宗教の人が多いといわれ、実際に「宗教に興味がない」「自分は無神論者だ」と言う人がたくさんいます。しかし、理性で考えた結果の無宗教者、無神論者でしょうか？

というのも、皆、魂の存在を信じていますし、死者を位牌という形で仏壇に飾って拝んでいますし、お墓を拝んでいます。これも宗教です。人が死んだらお墓を建てなくてはいけない、お墓を持ったらお参りに行かなければいけない、拝むときはこういうふうにする――など、いろいろな決まりを持っているでしょう。

宗教とは思っていないかもしれませんが、「そういうものだ」と頭から思い込んで、疑いの余地なくやっていること自体、宗教という儀式・儀礼に縛られているということです。それは「自分の見解」によっての行動ではなく、日本の生活の中にずっと根ざしてきた宗教的なしきたりに則って行動しているからです。

自分では「無宗教」「無神論」と言っていても、その実、宗教に執着していることはよくあります。まず、自分が宗教に執着していることに気づき、論理的に考えたうえで、無宗教者、無神論者になりましょう。そのうえで宗教の儀式・儀礼に対するきちんとした自分の見解を持っておかないと、家族が亡くなったときに、いきなり「お葬式はどうする」となって、準備がないまま業者の言いなりになってしまったりするのです。無宗教だったはずなのに、馬鹿高いお葬式をあげることになるのです。

ちゃんとした智慧を持った大人であるなら、「宗教に興味がない」というひと言で、考えること自体を放棄しないこと。自分の中にある宗教への執着に目を向けましょう。

死後も「お墓」「仏壇」にとらわれる

お葬式に高い費用を払い、「ぼったくられた」「こんなはずではなかった」と後悔するという話をよく聞きます。また、死後も、「お墓をどうする」「仏壇をどうする」ということで、兄弟姉妹・家族間で大きなトラブルに発展するという話も聞きます。

以前、こんなことで悩んでいた人がいました。その人は地方に実家があり、親の仏壇があるそうなのですが、その家を壊すことになり、仏壇を、今自分が住んでいる家に移していいのかどうか……と言うのです。つまり、仏壇を移すのは、死者に対して何か失礼なことになるのかどうか、わからないということです。

これは、とても迷信的な信仰です。ひと言でいえば、仏壇とは、ただの品物です。そこに祀《まつ》ってある位牌も品物でしょう。

その宗教が位牌に魂が宿ると教えているだけで、それは証明されていません。「親」というものが、位牌や仏壇という品物に「いる」というのはおかしい話ではないでしょうか？　親はもちろん、お墓にいるものでもないでしょう。

ですから、この悩みに対する答えは、「仏壇を移したからといって、どうということもないので、持っていきたければ好きなところに持っていってください」です。

仏壇という品物を勧めるわけではありませんが、時折、仏壇のあるところに兄弟が集まって親をしのぶのはいいでしょう。しかし、仏壇に親が宿っているから場所を移すのはどうかというほど、宗教が垂れ流している儀式・儀礼を盲信（＝執着）してはいけません。

故人をしのぶ――という本来の目的より、仏壇をどこに置くかということが優先され、さらに自由に移動できないほど、儀式・儀礼に縛られてしまっているのです。

頭をクールにして、自由な心を取り戻しましょう。

今までを振り返ると、お墓参りもするし、親のお葬式をどうしようと考えていたりもします。当たり前だと思ってしていることの中に、宗教への執着がものすごくたくさんあるのですね。当たり前のことを当たり前だと思い込んで、疑いもしない――。そこに気づくことが大事だと思いました。

願いごととお守りと執着

行事が儀式になり、儀式に迷信がくっつく

宗教は、とにかく儀式・儀礼が多いものです。お葬式もそうですが、死後もいろいろな供養をしなければならないことになっています。お寺が生き延びていくためには、そうしたものが必要ですから、ある程度は仕方がないでしょう。

しかし、何でもかんでも儀式にしないよう、双方が気をつけていく必要があると思います。京都の東西両本願寺で、年に1回本堂の大掃除を行いますね。若いお坊さんや門信徒の人が大きい竹の棒を持って、堂内の畳を叩き、大きなうちわで煤《すす》や埃《ほこり》を外に出す大掃除です。

巨大な建物の大掃除ですから、たくさんのお坊さんが来て、皆で一斉にとりかかっ

て、大仕事が終わったら法要をして、ちょっとしたものを楽しく食べて終わるというのは普通のことです。大変な大掃除を楽しくやり遂げるためのいいアイデアです。大人数で畳を叩き、若いお坊さんが大きなうちわで堂内をあおぐのは見ていて見事ですから、見物人が集まってきて、お祭り騒ぎになるのもいいでしょう。

しかし、これを毎年必ずやるとなると儀式になってきます。どうしてもこの日にやらなくてはならない、段取りはこうしなくてはならない、人数は何人集めなくてはならない——となっていくのです。

そして、テレビ局が放映し、見物人はどんどん多くなります。落ちてくる煤をサッとハンカチでとって持って帰ってお守りにするという、迷信深い人々も現れます。こうなると儀式・儀礼に迷信まで加わって、より頑固な執着になっていきます。

最初は儀式のつもりはなくても、同じことをくり返していると、どうしても儀式になっていってしまいます。ここが難しい問題です。

一方では、儀式にしたほうが大事なことを面倒がらずに続けていけるという便利さがあります。この例でいえば、本堂の大掃除は儀式化したほうが毎年続けていきやすくなるというわけです。

しかし、儀式化すると毎年同じようにすることを要求されるようになり、結局はそれ自体に縛られ、自分の頭で柔軟に物ごとを考えるという心の自由さが失われていきます。たとえば、高圧洗浄機で天井に空気を噴射すれば、本堂の隅から隅まで埃がとれるでしょう。もしそうなったら、伝統を破ったことで非難を受けるに違いありません。竹の棒と大きなうちわを使うことが、大事に守らなくてはいけない儀式になっているのです。

便利だからといって始めたことも、儀式になったがために、窮屈になってしまうことがあるのです。

「あなただけ特別に！」が執着の始まり

宗教の中には、「この呪文は特別な人にしか教えません」と秘密にすることをよしとするものがあります。その時点で、その宗教は執着を植えつけています。ある仏像を特別な人にだけ公開するというのも同じです。

人は「特別」と言われると、それに非常に執着するのです。そうやって人を執着させる宗教は、仏教とはいいにくいのです。

私が常に説いている仏教とは、お釈迦さまの教えに基づいた科学です。科学の世界では、秘密にするということはあり得ません。研究した結果、自分が得たデータは世界中の人が見られるように公開し、研究のプロセスまでも公開して、誰でも試してみられるようにします。それが、科学です。

宗教も、特別な人にだけ公開する、教えるなどと言わず、素晴らしい教えであれば、万人に教えて伝えればいいのです。素晴らしい仏像があるなら、誰でも気軽に見に行けるようにすればいいのです。

真理の世界に秘密はありません。隠す必要もありません。そこを見誤らないようにしましょう。

ここでひとつ補足をすると、国の文化財であるお寺や仏像などの中には、保存状態を保つために、どうしても十年に一度ぐらいしか公開できないという場合もあります。それは、秘密にするという考えではなく、保存ということを考えた理性的な判断です。建物などにも人が押し寄せると保存状態が悪くなるので、立ち入り禁止にするという場合がありますが、これも理性での判断です。

しかし、そうした理性に裏打ちされた判断であっても、受け手側は「十年に一度公開される」と聞くと、特別な感情を持って「どうしても見に行かなければ」と儀式・儀礼に対するのと同じように執着してしまいがちです。ふだんは、無宗教だと言っている人たちも、競って見に行ったりします。

相手側にそのつもりがなくても、**自分の心の中で儀式・儀礼に対する執着を生んでしまう場合があるのです。**

習慣は持たないほうがいい

社会の常識を守っているからそれでOK？

無宗教の人は一度、無宗教でいるというのはどういうことか、理性的に考えてみましょう。無宗教の人は、救われるために祈ることはしていないかもしれませんが、では、何にも執着しないで生きているかといったら、そんなことはありません。

仕事をして、結婚して、家族の面倒をみて、家を持って、子どもに教育をして一人前に育て上げて、休日にはハイキングでもして、写真を撮って、そのうち孫が生まれて……。そうやってのんびり生きていければ十分です、などと考えているでしょう。

そういう考えを持った時点で、それは執着です。

つまり、「社会の決まり」に執着しているのです。何も考えず、ただ「社会の決まり」を守って生きればいいと、それに執着しているのです。

そうした生き方をよく考えてみると、自ら考えて選びとったものではないことがわかります。たいがいの人は、「それが社会の常識だから」「昔からの慣習だから」という考えで、ただ常識や慣習に従っているだけではないでしょうか？

社会の普遍的な道徳を守ったり、人に不快感を与えない程度の行儀作法を守ったりすることは必要ですが、社会で常識とされていることや古くからしきたりとして伝わっていることを、盲目的に守る必要はありません。

心や脳は習慣が大好きで、いつも決まったパターンで動くようになっているので、常識や決まりを守って生きたいのです。

そのほうが楽だからです。とくに集団生活の中では、目立つこともなく、普通に生きていけるのが楽ちんなのです。

ですから、社会の決まりを守っているから、それでいいとか、素晴らしいといったことはありません。それは執着であると自覚して、自分の頭をはたらかせましょう。

次々に生まれる儀式は居心地いいですか？

この世の中には、儀式・儀礼といった堅苦しいものばかりではなく、習慣やしきたり、マナーなどに形を変えた儀式・儀礼もごまんとあります。どこの国にもあります し、日本にもたくさんあります。古い習慣はだんだんなくなっていきますが、代わりにたくさんの習慣や決まりをつくって、それらに依存して生きています。

たとえば、江戸時代の習慣はもう消えているでしょう。だからといって、現代は習慣のない自由な時代でしょうか？　そんなことはありませんね。もしかしたら現代のほうが江戸時代よりたくさんの習慣があるかもしれません。

携帯電話が現れたら、携帯電話のマナーや習慣がたくさん生まれました。メールにはメールのマナーやしきたりがあり、フェイスブックにもツイッターにもいろいろなマナーやしきたりがあるでしょう。

科学が進歩した現代だからといって、自由に生きていられるわけではありません。

最初は普通に使っていた携帯電話やメールに、だんだん、こうしなくてはいけないといった空気が生まれ、それがマナーになり、守らなければいけないものになり、皆が執着していくのです。誰かがつくった〝ものさし〟に縛られていくのです。

世の中には、そうしたしきたりや習慣を守るのが好きという人もたくさんいます。それで、とくに困らないという人もいます。しかし、「メールにはすぐに返事をしたほうがいいと言われるけど、それが大変」とか、そうした決まりごとを気持ち悪い、居心地が悪いと感じる人もいるはずです。

そんなとき、自分は執着していないか？　と考えてみます。

理性でもって、そうした習慣からの執着を手放せば、もっと明るく気持ちよく生きられるようになります。

最初は楽しんでやっていたことも、縛られていると感じるようになるのは、それに執着してしまうからなのですね。日本人はよく「空気を読み過ぎる」と言われますが、人と違うこ

とをするのは勇気がいります。でも、「大変」と感じていることを、「不自由では?」と一度考えてみることが大事なのですね。

悪性に変化しやすい習慣に気をつける

では、すべての習慣がいけないことでしょうか?

前にも述べましたが、私たちは、まったく習慣なしでは生きていけません。人とうまくつき合っていくには挨拶や行儀作法が必要ですし、人として守らなければならない普遍的な道徳は守ることが当然です。

そして、何かを「習得」するためには、くり返し行って「習慣」にしなければならないという側面があります。子どもが歯磨きを習慣にするには、毎日くり返し教えて、実際に自分でさせて訓練し、親が何も言わなくても自然に歯を磨けるようにすることが必要です。

修行僧が瞑想をするのも同じです。毎日行って習慣にしなくてはなりません。修行僧に限らず、一般の人が瞑想をして何かを得ようと思ったら、毎日行うように心がけて、習慣にしていくことが大事です。

しかし、習慣にしがみつくと、執着になります。「しがみつくこと（parāmāsa）」が悪性なのです。そして、よい習慣であっても、「しがみつく」という悪性に変わりやすいという特性を持っています。

私たちが生きていくためには、たくさんの習慣が必要ですし、実際に持っています。しかし、**その習慣にしがみついていないかを常にチェックしなければなりません。**習慣は悪性に変わりやすいからです。

習慣を味方につける

良性の習慣は便利

習慣にはいい面もあるということを、もう少し考えてみましょう。

前項で、子どもが大人になるためには、教育やしつけ、訓練が必要であると述べましたが、これも習慣化ということです。脳の回路というものは、くり返しやらないとスムーズにつながらないのです。

私たちは、生まれて1回何かを見たりやったりしただけでは、わかったという知識にすることはできません。何回もくり返し見ることで、しっかりとした知識として残るのです。そして、自分が何回もくり返し行うことで、技術として身につくのです。

だから、くり返し行うということは、脳の回路をつくるうえで、欠かせないことなのです。運動も同じです。くり返し行うことによって、筋肉が成長し、その動きをスムーズに行うことができる脳の回路がつくられていきます。

これは、生命のからくりがそうなっているので、逆らうことができません。

小さいころから習慣的に英語を学ぶと自然に使えるようになりますが、その後、一切使わないと話せなくなってしまいます。私たちの脳は、必要に迫られたときは一生懸命回路をつくろうとするのですが、使わなくなった回路は「不要」と考えて退化させてしまうのです。

ですから、**くり返し行っていくことで脳の回路を維持し、さらに成長させていくことができるのです。**

しかし、困ったことに、習慣をつくるとそれが悪性化して執着になるという側面があります。習慣化しないと脳が成長しないし、習慣化したらしたで執着する――。どう解決したらいいのでしょうか？

答えはこうです。

「習慣化する物ごとを理性でもって選択する」です。

「脳の成長をめざす物ごとをくり返し行う」と決めるのです。

たとえば、料理や洗濯といった家事など、習慣になったほうがやりやすいものがあります。脳の回路ができていれば、サッサと上手にできるようになり、毎日の生活が便利になります。会社に行くときも、駅に行ったらこのホームの電車に乗るという習慣ができていれば、時間のロスなしに行動できるようになります。毎日「何番ホームだっけ？」と調べていたら大変です。

このように、日常生活が「便利」になるもの、上達していくことをよしとするものは、習慣化してもよしと考えます。

いい毎日にできる習慣をシステム化させる

スーパーに買い物に行くとき、どこにどんな商品が陳列されているかわかっていて、頭の中にイメージできたほうが、必要なものをサッと手に取れますし、買い物が早く済みます。毎日陳列を変えるスーパーだったら、いちいち探さなければならないから、買い物に時間がかかってしまって大変ですね。

家の中もそうです。必要なものが整理整頓されていれば、いつでもスピーディにサッとものを取り出すことができます。そのためには、使ったものはいつもの場所に戻すという習慣をつけなくてはなりません。

こうしたことは、生活を便利にするための「習慣化」ですが、別の視点から見れば、「システム化」といえます。生活が便利になるように、もしくは、生活の質を向上させるために、システム化を行うということです。そのシステム化を支えるためには、習慣が必要です。だから、**「正しい習慣」とは「システム化すること」**といえるのです。

脳の成長も、心の成長も、くり返し行うことでしかあり得ません。

たとえば、「怒らないようにしよう」と決めても、やっぱり怒るのです。だから、今日一日、怒らないようにしようと頑張ります。明日も頑張る。次の日も頑張る。そうすると、どんどん怒らないことが習慣になってきて、脳や心の中に「怒らない」という回路がつくられ、怒りを制御できるようになります。

そのうちに、「なぜ怒るのか」「どんなときに怒るのか」といった、「怒る」という仕組み（＝システム）がわかってきます。すると、心の中に「怒らないというシステム」ができあがります。そうして、意識しないでも自然に怒らないようになるのです。

このように考えてみると、ただ漠然と習慣にするだけではうまくいかないことがわかります。習慣をシステム化することが大事であり、システム化するためには、理性と論理的な思考が欠かせません。

たとえば、瞑想を行って心を成長させようという場合、瞑想はふだんの生活とは関係ないものですから、習慣にしなければ続けられません。しかし、ただ習慣にするだけでは、習慣＝執着ですから、脳がロックされてしまい、成長が止まります。「習慣で行う」というところに理性を入れて、常にシステム化することを考えることが、心を成長させるためには必要です。ただ習慣だけで瞑想を行っていても、正しくシステム化していかないと、マンネリになるだけです。

マンネリで毎朝お経を唱えているのと同じで、それは、ただの時間つぶしに過ぎません。習慣をマンネリ化させず、正しくシステム化するためには、「自分はなぜ、この習慣を守っているのか」を、正しく理解し、常に自分の心に問いかけていなければなりません。

習慣のいい面・悪い面を理解することが大事なのですね。そして、執着、システム化、マンネリ化との関係性も、きちんと認識していないと、ただの時間つぶし（!）になってしまうことに……。時間つぶしが執着にまで悪化したら、まったく心の成長とは程遠いところに行ってしまいます。

オートモードを手動モードに切り替えてみる

なかなか捨てられない儀式

儀式・儀礼がなぜ、「物への執着」や「見解への執着」より強いかというと、人は物への執着からは離れることができます。物を捨てたり、贅沢するのはやめたりできます。

そして、見解は日々替えることができます。見解に執着せず、日々、新しいことを勉強したり調べたりして、正しいと思えることに出合えれば、古い見解をすぐに替えることができます。

しかし、儀式・儀礼はなかなか替えることができないのです。

キリスト教信者に、「洗礼したことをとりやめてください」と言っても無理でしょう。イスラム教信者に、「一日5回もお祈りすることをやめてください」と言っても、それは変わりません。

たしかに、儀式・儀礼どおりに生きることで困っていない人もいるかもしれませんが、その状態は、自由にものを考えたり、自由な心を持って生きたりすることができないということに気がついていないだけです。

日本人で無宗教という人でも、年末になれば「ごはんを食べる暇もない」などと言いながら年賀状をつくっているでしょう。これは宗教ではないかもしれませんが、日本のしきたりという儀式・儀礼に執着しているということです。

儀式・儀礼に執着すると、それを守ることが大事になって、自由に生きることが後回しになってしまうのです。生きているのに自由がないのです。理性で考えれば、馬鹿馬鹿しいとわかることが、わからなくなってしまうのです。

しかし、私たちは習慣がないと生きられませんし、習慣は儀式・儀礼化しやすいという矛盾を抱えています。

いい習慣も、いつでもポイッと捨てる準備を

では、どうしたらいいのでしょうか?

それは、いい習慣であれ、悪い習慣であれ、儀式・儀礼やその仲間である習慣、しきたり、決まりといったものは、いつでもサッと捨てる、捨てられるという覚悟を決めることです。もしくは、いつでも改良する構えがあると、肝に銘じて行うことが必要です。

いい習慣は必要な側面もあると述べましたが、気がつかないうちにマンネリ化し、ただ無意味に行ってしまう場合もあります。自分が習慣にしていることがマンネリ化していないか、執着に変わっていないかをチェックし、そうなっていたら、いつでもポイッと捨てればいいのです。

習慣になっていることをよしとせず、ポイッと捨てる構え、改良する構えをいつでも持っていることが大事なのです。

自分が儀式・儀礼にとらわれていないか、執着していないかということに注意し、

いつでもその執着を捨てる準備をしておかなくてはなりません。

すべてのできごとは「想定外」

生きていくことは大変です。朝起きたら顔を洗って、着替えて、ご飯を作って食べて、片づけて、電車に乗って会社に行って……、やらなければならないことが山積みです。ですから、私たちの脳は楽するように、楽するようにできているのです。

毎日くり返し行うことは、すぐにオートパイロット（自動運転）化し、何も考えなくても自然に体が動くようにします。そのほうが楽にこなせますし、時間や労力のロスがありません。

オートパイロット＝習慣は、生命が生きていくための自然の知恵です。

しかし、オートパイロット化すると、そのことに対して何も考えなくなるので、心が成長しません。成長しないどころか、やがてはそれに執着し、束縛され、生きるということがないがしろにされ、不自由になるばかりです。

この世の中には、すでにオートパイロット化されているけれど、じつは、実行すべきではないことがたくさんあります。私たちは、さまざまなことをオートパイロット化して生きていることに気がつきましょう。

そのためには、

「人の道は客観的に観察することのみである」

という真理を発見することです。この世のすべてのことは無常です。昨日、スーパーのあの棚にあったリンゴは、今日はもうないかもしれません。いつもの時刻に電車は来ないかもしれません。

この世の中はすべて無常で、何が起きるかわかりません。

すべて想定どおりに物ごとが進むわけではないのです。常に客観的に、そのとき、そのときのデータを見て判断することが必要なのです。

「すべてのことが想定外である」ということに気がつけば、儀式・儀礼への執着は解消します。人間としてものすごく成長します。

現在、オートパイロットモードになっていることを、できるだけ手動モードに切り替えましょう。これを仏教では「気づきの実践」といいます。

手動モードに切り替えることは「気づくこと」

私たちが無意識のうちにオートパイロットでやっていることを、手動モードに切り替えるには、「ヴィパッサナー瞑想」を行います。

ヴィパッサナー瞑想を行う目的は、**物ごとにとらわれないようにすること――、仏教の言葉でいえば「遠離」です。**

たとえば、あなたは何も考えなくても歩けるでしょう。歩くということは、生きていくための基本的な能力ですから、自然とオートパイロットになっています。つまり、歩くことは習慣でできる、マンネリでできるということです。

それを、手動モードに切り替えるのです。オートパイロットで前に出ていた右足を、「右足上げます」「運びます」「下ろします」と頭の中で言葉にして行います。右足が終わったら、次は左足です。同じように「左足上げます」「運びます」「下ろします」といちいち言葉にして行います。

こうして、今までオートパイロットでしていたことを、手動モードに替える訓練を積みます。ひたすら、心の中で言葉に出して実況中継しながら歩きます。

これが、ヴィパッサナー瞑想の一部です。

ブッダ式　執着の捨て方のコツ　4

- マンネリの上にのっていると安心はしますが、不自由さが生まれます。
- 無意味なお祈りは、無駄な時間を生みます。
- いい習慣はシステム化しましょう。でも、いつでも捨てる準備を。
- 「すべてのことは想定外」とわかれば、儀式・儀礼への執着は解消します。

第4章

「我論」を捨てる

「私」は最強の執着

「私」は存在しない

四番目の執着は、今までの三つよりも強く、三つの執着の土台となる「我論《がろん》への執着（attavādupādānaṃ）」です。

「自分がいる」という思い込みです。私の身体、私の感覚、私の思考、私の感情、私、私……と言いますが、これは明確に錯覚です。「自分である」「自我である」と錯覚することを、仏教では「有身見《うしんけん》（sakkāya diṭṭhi）」といいます。

自分という何かがある、自分という実体があると信じることです。誰でも「自分に執着」しているのです。「私は」という言葉でわかるように、皆誰でも「私」がいると思い込んでいますが、「私」は存在しません。

自我があるとは、科学的に証明されていません。脳の中を調べても、自我がどこに存在しているかわかりません。「私」というのは幻覚なのです。

身体は常に変化し続け、感情も変化し続けています。さっきの私の身体と、今の私の身体は別ものです。さっきの心と今の心も別ものです。身体も心も実体がありません。だから、**「私」と思い込んでいるものは、じつはすべて無常で変化し続けているもので、実体がないのです。**

誰でも、こうした自分に執着しています。実体がない錯覚とはいっても、自分に対する愛着（＝執着）は捨てられませんし、捨てたくありません。だから、強烈で最強です。

しかし、こうした「自分はいる」という「我論」があるために、そのほかのすべての執着が生まれ、すべての苦しみをつくるのです。

最後は、自分への執着ですか……。「自分はいない」と言われても、こうやって今考えているのは「自分」ではないのでしょうか？　自分がいるというのが錯覚だということは、今考えているこのこともただの錯覚で、実体はないということでしょうか？

「私」は脳がつくり出す錯覚

西洋哲学は、デカルトの「我思う、故に我あり」から始まります。「私がいる」という前提で始まります。しかし、初期仏教では、その前提が間違っているのではないかと疑い、まずは前提が合っているかどうかから調べましょうと始まります。

「我思う」は正しいです。誰でも考えることはありますし、これは経験ですから。しかし、「我あり」は誰も証明できません。皆、楽しいことや苦しいことなど、いろいろなことを朝から晩まで考えていますが、それは、すべて自分が思っているだけの世界です。それが自我といえるでしょうか？

ですから、初期仏教では、「前提を調べます」と始まるわけです。「自我があるものかどうか」と。

蜃気楼《しんきろう》にたとえてみましょう。蜃気楼というのは、海や湖の向こうに街があるように見えるけれど、実際は水たまりさえもないのです。実体がないのに、私たちにはあるように見える現象です。

光は、熱い空気を通して進むときに屈折します。脳の中で光を画像として処理する場合は、屈折した光線をあたかも直線であるがごとく計算してしまうのです。その結果として、何もないところに湖があるかのように、脳の中で錯覚が起こるのです。

これは視覚の錯覚としてよく知られている事例です。ほかにも聴覚、味覚、嗅覚、触覚の錯覚もあります。私たちの目、耳、鼻、舌、皮膚といった感覚器官は、ありのままのデータを認識するのではなく、脳の中で処理して錯覚を引き起こして、それが認識だとしているのです。感覚器官から入る情報を、脳が勝手にまとめて現象をつくり出しています。そして、無数の現象を一つにまとめたくなるのです。それが錯覚から生まれた、いちばんタチの悪い錯覚である「自分」です。

自分という言葉で、「私が見る」「私が聴いている」「私が考えている」などすべての認識錯覚を一束にまとめるのです。人間の認識するすべてが、「私」という錯覚を中心にして起こります。

これは脳科学の問題ではなく、心の問題です。心は、「情報」を現象として組み立てないで認識することも可能ですが、一度たりともそうしたためしがありません。心は、常に「私がいる」という錯覚を前提にしてはたらいています。その錯覚を破って真理を発見する努力を、仏教以外では、いまだかつて誰も行っていないのです。

最近の脳科学では、「私」とは、脳に起こるemergent property（創発特性）であると説明しています。創発特性とは、本来はないものなのに、脳の中に起こる互い違いのはたらきによって、あるがごとく現れる特性という意味です。しかし、この特性が現れると、それが脳を支配するのです。ですから、脳科学的に説明しても、自我は存在しません。しかし、私たちは「自我がある」という前提で生きているのです。

「私」で地球は本当に回っている!?

人間の世界は、自我を中心にして回っています。「私の名前は○○です。年は○○です。○○会社の社員です」。このように言う場合は、変わらない自分が必要となります。そして、変わらない他人もいます。「自我がある」という錯覚が、いつでも前提になっているわけです。

自我は、あらゆるものを認識する過程において a priori（アプリオリ、自明な事柄・前提）です。

「自分がいるというのが錯覚だということは、今考えているこのこともただの錯覚で、実体はないということでしょうか？」と思って、困ってしまうのは当然です。困るどころか、「自分はいるのに、この人は何を言っているのか？」と否定するでしょう。自分で見ている、聴いている、考えているのに「自分が存在しない」というのは、一般常識で納得できることではありません。

「我思う」から苦しみが生まれる

「私がいるから他人もいる」「気に入る人も気に入らない人もいる」「私の意見に賛成する人も反対する人もいる」「私を認める人もいれば私を否定して貶《けな》す人もいる」「私には知識も財産も家族もある」「私が老いたり病気になったり死んだりする」「私には

生まれ故郷があり母国がある」「私の国に敵意を持っている敵国もある」「私と私の仲間を敵から守らなくてはいけない」「私を邪魔する人々や物を壊さなくてはいけない」「私は正しい宗教を信仰している」「他人が信仰している宗教は異端である」「私の信仰を批判する人々を裁かなくてはいけない」「あの人は私よりも美しい」「あの人は私より豊かである」「私は成功者である」「私は落伍者である」「仕事は希望どおりに進まない」「会社の仲間が気に入らない」「あの人と相性が悪い」「私は運が悪い」「私は幸運に恵まれている」「私の親の性格が悪い」「親の育て方が悪かった」……。

このリストには終わりがありません。いかなる悩み苦しみであっても、不平不満であっても、愚痴であっても、私（自我）がいるから起こるものです。**自我が実在することが、すべての苦しみにおいて前提になっているのです。**

一切の苦しみは自我の錯覚がつくるものであるならば、自我に「悪魔」と正しく名づけるべきです。

「存在する」という前提は正しい？

「私」は、どう考えても大切なもの!?

宗教は、よく「悪魔と戦っているのだ」といいます。しかし、自分に永遠不滅の魂がある、絶対的な神が存在している、という錯覚を前提にして、本当の悪魔＝自我と戦えるでしょうか？　汚れた魂を浄化しようとする修行で、存在すらしない魂が浄化できるのでしょうか？　本当の悪魔を崇拝しているのと同じです。

宗教を持たない人でも、皆進んで悪魔崇拝をしています。自我を守りたい、肯定したいのです。自分の過ちを見せたら、プライドが傷つきます。人生がうまくいかないときは、「自分探し」をします。「生きる目的は何でしょうか？」と聞かれると、「家族を養うこと」「仕事で成功すること」「豊かになること」「有名になること」などと言うでしょう。「死後、天国に生まれることだ」と言う人もいます。これらの生き方はすべて、悪魔崇拝になってしまいます。

哲学を見ても、必死で自我を肯定しようとする努力が見えます。実存主義などの哲学では、形を変えて自我を肯定しています。ですから、哲学を学ぶと新たな悩みが生まれるだけであって、自分の生きる苦しみが減ることはありません。

世の人々は、自我を前提にしているだけではなく、自我は実在するのだと必死になって妄想します。証拠を探し求めているのです。自我を肯定する話に簡単に乗り、自我を否定する話は、虚無主義だと非難をするのです。そのようなことから、四番目の執着は、単純に「自我への執着」といわないで、「我論への執着」と名づけているのです。

物ごとを知れば、「私」の錯覚は強化されていく

今までの説明を真面目に読んだとしても、自我が錯覚であるという意見について納

得いかないかもしれません。それだけ、この錯覚から目覚めるのは難しいのです。

前提として自我があるからこそ、物ごとを理解できます。「脳の中に創発特性として自我が現れるのだ」と脳科学者が言うならば、生まれてくる人間の脳の中に、いつ頃からこの特性が現れたのかを調べなくてはいけません。脳は成長する臓器ですから、自我意識がない時期もあるはずです。ここのポイントは、まだ脳科学の世界では研究されていないかもしれません。

仏教においては、脳は肉体を構成する臓器のひとつ以外の何ものでもありません。各臓器には、決まった仕事があります。生命は、脳があるから生きているのではなく、各細胞に命があるのです。この世に現れる瞬間であっても、自我の錯覚が潜在的にあるのです。

物ごとを知るようになると、自我の錯覚が強化されて、拡大されて、ひとり歩きします。そして「何よりも私の命が尊いのだ」という態度をとって、自分が苦しむ、他人にも苦しみを与える、という道に入っていきます。

自我という前提で物ごとを知ろうとするので、「自我は錯覚であるという真理は、素直に納得できるものではない」と、正直に思ったほうがよいと思います。

この錯覚を破るために、お釈迦さまは**「ありのままに観察する」**という実践方法を教えています。

「私が存在」するかどうか調べてみる

今私たちは、「あってほしいままに」物ごとを認識しようとしています。自我という前提があっても、それは放っておけばよいでしょう。しかし、そううまくはいきません。一切の悩みや苦しみは、この前提があるから起こるのです。

ですから、この前提が正しいか否かを調べなければなりません。たとえば「人間には不滅の魂がある」と言われたら、そのまま信じてはいけません。本当にあるのかを調べなくてはいけないのです。

「私がいる」という概念をそのまま前提として認めるのではなく、「私がいる」とはどのようなはたらきかを調べなくてはいけないのです。

お釈迦さまは、人々の考えと信仰に合わせて真理の探究をしたのではありません。すべての生命が実在することを前提にしていた「自我」が、本当に実在するかどうか、前提が正しいか否かを調べたのです。

調べた結果、「自我は錯覚である」ということがわかりました。そして、心は一切の束縛から解放されたのです。

お釈迦さまが問題を解決しても、それで「私」の問題も解決したわけではありません。「私」にも「他の人」にも、「自分がいる」という実感があります。ですから、自我という前提が正しいか否かを探求することは、各自の仕事になるのです。各自の仕事とは、物ごとをありのままに認識する訓練です。自我が錯覚であるというポイントについて、いくら詳しく語っても簡単に納得いくものではありません。

「私」を捨てる必要はありません

「自我は錯覚である」という話をうわべの知識だけで理解すると、困った問題が起きます。「この思考は私のものではありません」「この聴覚は私のものではありません」と思ってしまっても、本当のところは「私がいる」という実感がじりじりとあるのです。ですから、「自分さえいなければ、苦しみはないでしょう」という、恐ろしい誤解に陥ります。

自分を破壊するという気持ちも、自我を前提として起こるものです。しかし、何の意味もありません。仏教は「自我を捨てなさい」とは言っていないからです。捨てるためには、自我が実在しなければいけません。ですから、「自我が錯覚であることを発見しなさい」と言います。言い換えれば、「解脱《げだつ》に達しなさい」という意味になります。自我は錯覚であると発見した時点で、自我に対する執着も消えるのです。

自分を捨てる必要も、自我を捨てる必要もありません。「生ごみを捨てる」といった場合は、現に生ごみがなければその言葉に意味はありません。自我は錯覚なので、捨てられるものではありません。しかし、「自分」という気持ちは実感なのです。この実感は、感覚から生まれるものです。眼《げん》・耳《に》・鼻《び》・舌《ぜつ》・身《しん》・意《い》で、物ごとを感じることが感覚なのです。その感覚は、瞬間、瞬間に変わってゆくものです。

私たちは、感覚に対して「私」という言葉を使っています。たとえば、身体の調子が悪くなったとしましょう。それは、何か感覚が起きたということ。それで「私は調子が悪い」と言うのです。楽しい、悲しい、寂しい、羨ましい、などの言葉も、感覚を表しています。

ありのままに見る人々は、感覚は瞬間瞬間生まれては消えるものだと、原因によって感覚が現れるのだと、感覚をありのままに見ないから自我という錯覚が起こるのだと、発見するのです。

感覚を勝手に「私」という言葉に置き換えてしまうというのは、わかる気がします。感じたことはそのままにしておけばいいのに、「きれい」と判断したり、「楽しい」などと感情にまとめたりしてしまいます。

錯覚を発見する方法
——ヴィパッサナー瞑想

自分観察のプロセス

自我に対する執着はもっとも捨て難いものだと、先にお話ししました。それは、自我の錯覚がなければ、私たちは生きていられないからです。幸福に生かしてくれるならば、錯覚があってもかまわない。

しかし自我の錯覚は、一つもよい結果を出しません。悪魔そのものなのです。お釈迦さまが説かれた実践方法を行っても、自我の錯覚は徐々にしか消えていきません。「ありのままに見よう」という訓練を始めたとします。自我の錯覚が邪魔をするので、なかなか実践はスムーズに進まないかもしれません。それでも精進し続けると、じわじわとありのままに認識できるようになります。そして、それに慣れてくると、集中力も向上します。

高いレベルの集中力でありのままに自分を観察すると、瞬間、瞬間、生滅変化して絶えず流れる感覚を発見できます。そして、さまざまな宗教や哲学でいうところの「永遠不滅の魂」などは絶対あり得ない、存在しない、と発見します。それが解脱への最初の一歩であり、すでに解脱の世界へ入ったのです。

しかし、「自分がいる」という実感はまだあるでしょう。そのぶん、怒り・欲などの感情も、ある程度の悩み苦しみも起こります。とはいえ、今までの悩み苦しみとは比較にならないほどわずかなものです。

さらに観察・実践を続けると、またさらに明確に感覚の流れが見えてきます。自分は無常である感覚にまだまだ未練を持っているのだと発見します。それによって、心が完全に自由にならないのだとも発見する。未練が薄くなる。

ここまでくると、解脱の境地がもう一歩進んだことになります。自分がいる、という実感に対する未練が薄くなったぶん、怒り・欲も薄まります。たとえ怒ったとしても、ただ機嫌が悪くなった程度で済みます。

もう1回修行してみると、怒りと欲が完全に消えて、解脱の境地がまた一歩進みます。さらにありのままに観察する実践をしなくてはいけません。そうすると、「存在する」というその機能についても、未練が消えてしまいます。心に残っているすべての煩悩・執着が消えてしまいます。それでやっと、自我という錯覚から完全に解放されたことになります。

解脱も完了です。修行も完了です。それ以上、なすべきことは何もありません。

このように、仏道を修行する人であっても、自我の錯覚を破ることは段階的に起こるものです。どれほどタチが悪い錯覚でしょう。しかし、私たちにも知識を駆使して、自由に幸福に生きることはできます。問題が起こるたびに、失敗して落ち込むたびに、悩み苦しみが現れるたびに、「これは自我の錯覚のせいで起きたなぁ」と確認すれば、奇跡的に気持ちが楽になります。問題も解決します。

すべてをありのままに

「私はいない」も執着

自我があるために、さまざまな問題が起こります。自我の錯覚があるために、憂い、悲しみ、悩み、苦しみが生じます。煩悩が現れるのです。論争、戦争、武器を持つことなどが起こります。搾取や奪い合いなどが起こります。

自我は最強の執着です。いちばん基礎になる執着で、そこからさまざまな束縛が生まれます。

反対に、「自分などいない」と考えている人もいるかもしれません。しかし、「自分はいない」というのも脳が勝手にまとめたものであり、「虚無主義」といって、これも執着になります。

「自分がいる」という前提のもとに「自分はいない」と言っているわけですから、「いない」という錯覚を持っているだけであり、結局は自分に執着しているのです。

自由への道

執着をなくして幸福と自由を獲得することは、四つの段階で起こるものだと先に説明しました。錯覚も、原因なしに起こるものではないのです。自我の錯覚を引き起こす原因は、感覚です。**観察を実践する人々は、感覚が「無常」「苦」「無我」であると発見するのです。**

感覚のみならず一切の現象は無常・苦・無我である、ということは真理です。実践する人々は、すべての現象を調べる必要はありません。自分の集中力が現れた対象に対して、無常か苦か無我か、いずれかの特色を発見すれば十分です。無常・苦・無我とは、現象の姿を三つの見方で発見することです。この三つは互いに違う別々のものではなく、一つだと思ってもかまいません。

これから仏教用語も取り入れて、話を集約したいと思います。

我論は、無常・苦・無我を発見して、悟りのステージである「預流果《よるか》」（sotāpanna）に達するまでなくなりません。智慧が現れない限り、消すことができない執着です。お釈迦さまが説かれた智慧とは、無常・苦・無我を発見することです。それしか方法はありません。

物への執着、見解への執着、儀式・儀礼への執着は、理性で管理することができますが、我論への執着を手放すには、悟りに達するしかありません。

「私」の実感を消していく

悟りの第一ステージである預流果に達し、自我がないことを発見しても、有身見がなくなっていても、「自分」という実感は残ります。「自我はない」「自分が考えていること、感じていることは、すべて錯覚だ、妄想だ」ということがわかっても、「自分がいる」という実感は残っているのです。

実践する人は、さらに精進して悟りのステージを上げていきます。①の預流果から、②一来果《いちらいか》（sakadāgāmi）、③不還果《ふげんか》（anagāmi）、④阿羅漢果《あらかんか》（arahatta）に順番で達していきます。そのたびに、「自分」という実感が減っていき、やがては、消えていきます。

「物への執着」は、サマタ瞑想でログアウトすることができます（第1章参照）。**「欲（五欲）への執着」を含めた、「見解への執着」「儀式・儀礼への執着」「我論への執着」のすべてをなくす方法が、ありのままに観察する、という実践です。つまり、ヴィパッサナー瞑想（vipassanā）という瞑想の実践のみです。**

世の中のすべてのことを、自我・自分も含めて、科学的に観察することです。そのためには、脳のオートパイロットモードを中断して、手動モードにしてみること。それだけです。それで、心が成長できるのです。

花を見たら、自動的に「花」だと勝手に概念をつくり出すことを中断します。その花を自動的に「きれい」「汚い」と考えること＝さらなる概念をつくり出すことを中断します。この世の中のものを、すべてありのままに受け止めて、自分のオートパイロットモードをはたらかせないこと。

それが、すべての執着を手放す方法です。

すべてのことを「捨てる」「手放す」というのは、大げさなことではありません。

人は悟っていても、悟っていなくても、否応なしにすべてのものを捨てなくてはいけないのです。手放さなくてはいけないのです。それは宇宙の法則です。しかし、智慧のない私たちは、捨てたくはないのです。手放したくはないのです。

捨てることになると、手放すことになると、「奪われた」「盗られた」という気分になって悩むのです。恐怖を感じるのです。捨てる修行は、決して暗いものでも、つらいものでもありません。捨てるたびに、成長と自由と幸せを得られます。本物の自由を手にすることができるのです。

喜びとは欲ではなく、心にやる気、意欲を与えること。成長する努力をしたぶん、心に充実感（ごほうび）を感じることでもあります。

仏道を実践して、思う存分、「excitement（喜び・興奮）」と「contentment（充実感・満足）」を感じましょう。

本物の喜びと実感。それを得るために、人生は修業を積んでいくのですね。修業そのものが喜びであり、新しい境地を発見する興奮に満ちているのですね。

ブッダ式
執着の
捨て方のコツ

5

- 「私」や「自我」は錯覚です。実体がないものです。
- 「私」への愛着（＝執着）は、そう簡単に捨てられるものではありません。
- 「私」が存在するか、観察してみましょう。
- 「私」の実感を消す練習をしてみましょう。
- 捨てる構えがあるか、捨てられているか――。客観的に振り返って気づき、気づいたことを修正することで、心は成長します。

自由か？　幸せか？　確認してみましょう

今まで四つの執着について述べてきました。人は、必ず①欲（五欲）、②見解、③儀式・儀礼、④我論の四つの執着を持っています。「私は一つしか持っていない」というのは嘘です。自分の心の中をよくよく見てみれば、一つでも、二つでも三つでもなく、必ず四つあることがわかります。

この四つは捨てやすい順です。まず、物への執着から手放していきましょう。物を大事に扱うことは必要ですが、愛着を持って「一生使い続けよう」とか、壊れたら「絶対同じものを探そう」「このデザインでなければならない」などと思ってはいけません。物は、どんなものでも、やがては壊れていきます。あなたが嫌だと思っても、必ず捨てなければならないときが来るのです。

ですから、こちらは、いつでも捨てる構えでいるのです。自分が捨てる構えでいるかどうか、常に自分を客観的に、理性的に見ることが大事です。

そうした自分に対する気づきを、見解に執着していないか、儀式・儀礼に執着していないか、自分に執着していないか——と、どんどん深くしていくのです。

人としての成長は、そうして日々、自分を客観的に振り返って気づき、気づいたことを修正するということの連続でしか訪れません。そうした実践を、日々、淡々と積み上げていくことでしか成長できないのです。

ただし、人間は、あれもこれもと考えると、それだけで頭がパンクしてしまったり、堂々めぐりに陥ってしまったりし、かえって一つのことに執着したり、不安に陥ってしまうことがあります。

これにも対処方法があります。それは慈しみの実践、第1章でもご紹介した「慈悲の瞑想」です。慈悲の瞑想は、心を穏やかに、平和にする瞑想です。あなたはいつも「幸せになりたい」と願っているかもしれませんが、じつは、現在も幸せなのです。それに気づくのが慈悲の瞑想です。今、自分は幸せであるということに気づいて、心を穏やかにしましょう。

そして、「ヴィパッサナー瞑想」で、オートパイロットモードになってしまって何も考えられなくなっている頭を、無理やり手動モードに切り替え、きちんと物ごとを考えられるようにしましょう。頭を手動モードに切り替えるということは、すべての物ごとを「自分」という色眼鏡を通して見ないということです。

すべての物ごとを、ただ、ありのままに受け取るということです。それがいかにできていないかに気づけることが、まず大事なのです。

アルボムッレ・スマナサーラ

慈悲の瞑想

ステップ1 私の幸せを願う

私は幸せでありますように
私の悩み苦しみがなくなりますように
私の願いごとがかなえられますように
私に悟りの光があらわれますように
私は幸せでありますように
私は幸せでありますように
私は幸せでありますように

ステップ2 親しい生命の幸せを願う

私の親しい生命が幸せでありますように
私の親しい生命の悩み苦しみがなくなりますように
私の親しい生命の願いごとがかなえられますように
私の親しい生命に悟りの光があらわれますように
私の親しい生命が幸せでありますように
私の親しい生命が幸せでありますように
私の親しい生命が幸せでありますように

※この瞑想法を実践するうえで大切なのは、心を込めて念じること、そして継続することです。決められた時間や場所はありません。朝目覚めたときや夜寝る前、移動のバスや電車の中などの僅かな時間にも、ぜひ心を落ち着けて念じてみて下さい。

ステップ

3 生きとし生けるものの幸せを願う

生きとし生けるものが幸せでありますように
生きとし生けるものの悩み苦しみがなくなりますように
生きとし生けるものの願いごとがかなえられますように
生きとし生けるものに悟りの光があらわれますように
生きとし生けるものが幸せでありますように
生きとし生けるものが幸せでありますように
生きとし生けるものが幸せでありますように

ステップ

4 自分の嫌いな生命、自分を嫌っている生命の幸せを願う

私の嫌いな生命が幸せでありますように
私の嫌いな生命の悩み苦しみがなくなりますように
私の嫌いな生命の願いごとがかなえられますように
私の嫌いな生命に悟りの光があらわれますように
私を嫌っている生命が幸せでありますように
私を嫌っている生命の悩み苦しみがなくなりますように
私を嫌っている生命の願いごとがかなえられますように
私を嫌っている生命に悟りの光があらわれますように
生きとし生けるものが幸せでありますように
生きとし生けるものが幸せでありますように
生きとし生けるものが幸せでありますように

本作品は小社より二〇一四年二月に刊行されました。

アルボムッレ・スマナサーラ
(Alubomulle Sumanasara)

スリランカ上座仏教（テーラワーダ仏教）長老。1945年、スリランカ生まれ。13歳で出家得度。国立ケラニヤ大学で仏教哲学の教鞭をとったのち、1980年に国費留学生として来日。駒澤大学大学院博士課程で道元の思想を研究。現在、宗教法人日本テーラワーダ仏教協会で初期仏教の伝道と瞑想指導に従事し、ブッダの根本の教えを説きつづけている。朝日カルチャーセンター（東京）の講師を務めるほか、NHKテレビ「こころの時代」などにも出演。著書に『怒らないこと』『怒らないこと2』『心配しないこと』（だいわ文庫）、『死後はどうなるの?』（角川文庫）、『ブッダに学ぶほんとうの禅語』（アルタープレス）、『ブッダが教える心の仕組み』（誠文堂新光社）、『スッタニパータ「犀の経典」を読む』（サンガ新社）など多数。

だいわ文庫

ブッダが教《おし》える　執着《しゅうちゃく》の捨《す》て方《かた》

著者　アルボムッレ・スマナサーラ

二〇一七年一〇月一五日第一刷発行
二〇二五年一月一日第五刷発行

発行者　佐藤 靖
発行所　大和《だいわ》書房
東京都文京区関口一―三三―四　〒一一二―〇〇一四
電話　〇三―三二〇三―四五一一

フォーマットデザイン　鈴木成一デザイン室
本文デザイン　三木俊一（文京図案室）
本文印刷　厚徳社
カバー印刷　山一印刷
製本　ナショナル製本

ISBN978-4-479-30675-7
乱丁本・落丁本はお取り替えいたします。
http://www.daiwashobo.co.jp